# HAUSVERSTAND
## Mein Leben, meine Politik

Hans Peter Doskozil

# HAUSVERSTAND

Mein Leben, meine Politik

Der besseren Lesbarkeit wegen verwendet der Autor im nachfolgenden Text die Sprachform des generischen Maskulinums. Personenbezogene Aussagen beziehen sich auf alle Geschlechter.

Sämtliche Angaben in diesem Werk erfolgen trotz sorgfältiger Bearbeitung ohne Gewähr. Eine Haftung der Autoren beziehungsweise Herausgeber und des Verlages ist ausgeschlossen.

© 2024 ecoWing Verlag bei Benevento Publishing Salzburg – Wien, einer Marke der Red Bull Media House GmbH, Wals bei Salzburg

Alle Rechte vorbehalten, insbesondere das des öffentlichen Vortrags, der Übertragung durch Rundfunk und Fernsehen sowie der Übersetzung, auch einzelner Teile. Kein Teil des Werkes darf in irgendeiner Form (durch Fotografie, Mikrofilm oder andere Verfahren) ohne schriftliche Genehmigung des Verlages reproduziert oder unter Verwendung elektronischer Systeme verarbeitet, vervielfältigt oder verbreitet werden.

Medieninhaber, Verleger und Herausgeber:
Red Bull Media House GmbH
Oberst-Lepperdinger-Straße 11–15
5071 Wals bei Salzburg, Österreich

Satz: MEDIA DESIGN: RIZNER.AT
Gesetzt aus der Palatino, Boston
Umschlaggestaltung: Isabel Neudhart-Haitzinger
Coverfoto: © Daniel Alexander Novotny - fotonovo.at
Autorenillustration: Claudia Meitert/carolineseidler.com

Printed by Neografia, Slovakia
ISBN: 978-3-7110-0316-4

# Inhalt

| | |
|---|---:|
| **Prolog** | 9 |
| 21. Juni 1970<br>**Der Tag, als ich geboren wurde** | 15 |
| 7. September 1983<br>**Der Tag, als ich ins Gymnasium wechselte** | 27 |
| 1989<br>**Das Jahr, als der Grenzzaun zwischen Ungarn<br>und Österreich abmontiert wurde** | 32 |
| 3. Juli 1989<br>**Der Tag, als ich meine Ausbildung<br>zum Polizisten antrat** | 39 |
| 7. Juli 2005<br>**Der Tag, als das neue Fremdengesetz im<br>Nationalrat beschlossen wurde** | 51 |
| 9. Oktober 2008<br>**Der Tag, als mich Hans Niessl fragte,<br>ob ich in sein Büro wechseln möchte** | 56 |
| 3. Jänner 2015<br>**Der Tag, als mein Freund Kurt Kuch starb** | 69 |

27. August 2015
Der Tag, als in Parndorf 71 Tote in einem
Kleinbus entdeckt wurden                                    72

16. Februar 2017
Der Tag, als ich eine Anzeige gegen Eurofighter
einbrachte                                                  82

6. Mai 2017
Der Tag, als ich Julia traf                                 93

16. Mai 2017
Der Tag, als ich Zeuge des Endes der
Großen Koalition wurde                                      97

2018
Das Jahr der Diagnose                                      102

8. September 2018
Der Tag, als ich den Mindestlohn einforderte               109

11. November 2019
Der Tag, als wir die Anstellung pflegender
Angehöriger im Burgenland verwirklichten                   114

26. Jänner 2020
Der Tag, als die SPÖ die absolute Mehrheit im
Burgenland zurückholte                                     126

29. Mai 2020
Der Tag, als die »Task Force Neusiedler See«
gegründet wurde                                            130

19. Jänner 2022
**Der Tag, als ich die »gemeinnützigen«
Wohnbauträger herausforderte** 141

24. Februar 2022
**Der Tag, als Russland die Ukraine überfiel
und Energie zum teuren Gut wurde** 147

3. Juni 2023
**Der Tag, als ich – für 48 Stunden – SPÖ-Chef war** 153

10. Oktober 2023
**Der Tag, als der Verfassungsgerichtshof meiner
Beschwerde gegen das ORF-Gesetz recht gab** 165

27. Dezember 2023
**Der Tag, als wir den Kauf der Therme Stegersbach
besiegelten und was das mit »Doskonomics«
zu tun hat** 173

14. März 2024
**Was mir mein irakischer Friseur über
Integration erzählte** 181

**Epilog**
Und jetzt? Meine politischen Prinzipien 187

Über den Autor 191

# Prolog

Hausverstand. Was ist das eigentlich? Das Gegenteil von Sachverstand? Eher sind die beiden Geschwister. Und zwar Geschwister, die sich trotz aller Gegensätze gut verstehen. Sie sind Kollegen, die Hand in Hand arbeiten. Sie bilden das Team, das Wissen und Erfahrung, Übersicht und Expertise vereint und umsetzen kann. Nur wenn Hausverstand und Sachverstand zusammenarbeiten, kann man sich auf die Zukunft vorbereiten. Nur dann ist man auch für Krisen gerüstet, ihnen nicht hilflos ausgeliefert, sondern kann handeln, Lösungen finden und sie bewältigen.

Österreich ist ein großartiges Land, es hat eine lange, sozialstaatliche Tradition. Es ist aber auch ein Land, in dem die Steuerlast sehr hoch ist. Zu Recht erwarten sich Bürger, dass ihr Geld gut eingesetzt wird. »Nachher ist man immer gescheiter«, lautet eine Redensart. Aber wir alle, die Politiker im Besonderen, sind aufgefordert, schon vorher gescheit zu sein oder uns rechtzeitig schlau zu machen. Den Experten zuhören, den Menschen Beachtung schenken, denen, die Herausforderungen des Alltags meistern müssen, im gebotenen Tempo die richtige Antwort geben, das ist unsere Aufgabe. Und das ist der Punkt, an dem der Hausverstand ins Spiel kommen muss.

Was heißt das für mich konkret? Zum Beispiel, dass ich Dinge hinterfrage und ihnen auf den Grund gehe und mich nicht mit der erstbesten Antwort zufriedengebe, auch nicht mit der zweiten. So hat das Land Burgenland in den Jahren 2023 und 2024 gleich zwei wichtige Entscheidungen beim

Verfassungsgerichtshof erwirkt, indem wir einen Antrag auf Normenkontrolle gestellt haben. Das ist die juristisch korrekte Formulierung; umgangssprachlich könnte man sagen, wir haben uns beschwert. Einmal ging es um die Unabhängigkeit des ORF, ein anderes Mal um die Vollspaltenböden in der Tierhaltung. In beiden Fällen haben wir recht bekommen. Die Regierung muss die ORF-Aufsichtsgremien reformieren, und die viel zu langen Übergangsfristen für Vollspaltenböden wurden von den Höchstrichtern gekippt.

Ich bin bislang der einzige Landeshauptmann, der Reformen auf diese etwas ungewöhnliche Art vorantreibt. Als Nächstes wollen wir die von der Bundesregierung eingeführte Übergewinnsteuer für Energiekonzerne beanstanden, weil sie massiv Geld, das den Burgenländern zukäme, abzieht. Dann wollen wir uns über die unterschiedliche Behandlung von Bundesländern bei der Verteilung von Ertragsanteilen beschweren. Es ist nämlich nicht erklärbar, warum ein Gemeindebürger in dem einen oder anderen Bundesland mehr wert ist als im Burgenland. Ganz konkret: Gemeinden in anderen Bundesländern bekommen bis zu 400 Euro jährlich mehr für einen Hauptwohnsitznehmer als ein burgenländischer Ort. Verschärft wird diese Situation dadurch, dass Wien die Zweitwohnsitzabgabe umsetzen möchte. Wer in Wien wohnt, aber woanders hauptgemeldet ist, soll bis zu 550 Euro pro Jahr zahlen.

Mich treiben Fragen an, wie: »Was ist gerecht?« Und wenn die herrschenden Gesetze meiner Meinung nach nicht gerecht sind: »Wie können wir das ändern?« Dem System auf die Finger zu klopfen, bestehende Machtverhältnisse zu hinterfragen, das treibt mich an. Vielleicht hat mich schon als Jugendlicher – wie so viele meiner Generation – der junge Jörg Haider inspiriert. Damals, als er noch nicht der fremdenfeindliche Rechtspopulist war, sondern der freche Infragesteller, der sich nichts aus Konventionen machte und Dinge ansprach, die andere lieber verschwiegen. Ganz sicher hat mich mein Freund Kurt Kuch inspiriert, ein Investigativjournalist, der leider viel zu früh verstorben ist und dem ich viel verdanke – die Art und Weise, Dinge zu hinterfragen und zu verfolgen.

Natürlich muss ich mir oft anhören: »Du bist so angriffslustig!« Das ist die Kehrseite, wenn man keine Ruhe gibt, bis man das Gefühl hat, die Gerechtigkeit hat gesiegt. Viele, viel zu viele, haben es sich im System bequem gemacht, auch einige unter meinen Parteifreunden, Spitzengewerkschaftern und unter den Spitzenfunktionären. Sie profitieren und wollen sich ungern stören lassen. Auch in manchen Bereichen meiner Partei ist das Grundverständnis von Solidarität, Vertrauen, gegenseitiger Unterstützung und ehrlichem Umgang abhandengekommen. Ausgerechnet in der SPÖ, die Solidarität als Bestandteil ihrer DNA versteht, aber sie im Inneren keineswegs durchgängig und nicht immer konsistent lebt. Anstatt sich unablässig damit zu beschäftigen, wie man von außen wirkt oder wie man eine »Message« unter die Leute bringt, könnte man den Blick nach innen richten. Dabei wird man feststellen, dass der Kern, die DNA, die Werte, der moralische Kompass der Partei überdacht und neu belebt werden müssen. Wenn das gelingt, muss man sich nicht mehr bemühen, eine »Message« rüberzubringen, weil man ohnehin verstanden wird.

Hans Peter Doskozil schreibt ein Buch. Will er also doch zurück in die Bundespolitik? Nein, ganz sicher nicht. Dieses Kapitel meines Lebens ist für mich eindeutig abgeschlossen, ohne Wehmut und ohne Ärger. Im Gegenteil: Ich freue mich auf die nächsten Jahre im Burgenland, sofern ich gewählt werde, weil ich noch viel vorhabe. Für mich ist das Burgenland eine Musterregion, von der der Rest des Landes viel lernen kann, wenn er will. Bisweilen wird es belächelt, weil es klein ist und in Randlage liegt. Aber weil es überschaubar und trotzdem vielfältig ist, können wir hier Best-Practice-Projekte verfolgen – in der Ökologisierung der Landwirtschaft, der Energiewende oder im Sozialen, etwa wenn es um die Etablierung von Pflegestützpunkten in allen 171 Gemeinden geht oder bei der Durchsetzung des Mindestlohns.

Ich weiß, dass ich bei manchen Medien und Parteifreunden das Image habe, der Quertreiber zu sein, der vieles anders sieht und sich mit seiner Meinung nicht zurückhält. Dass wir im Burgenland höchst innovative politische Ansätze verfolgen und tatsächlich etwas verändern und reformieren, geht in der Zugespitztheit politischer Auseinandersetzungen oft verloren. Mein Ansatz wird oft auch als Renaissance der Verstaatlichung verstanden. Dabei bin ich der Meinung, dass man die Grundversorgung als Gemeinwohl im weitesten Sinne – also Pflege, Gesundheit, Energie, Bildung, Infrastruktur und auch gewisse Wirtschaftszweige – nicht in die Hände Dritter geben sollte. Weil es immer teurer wird und Fähigkeiten verloren gehen, wenn man etwas aus der Hand gibt. Aber natürlich besteht dann die Verpflichtung, es als Gebietskörperschaft, als Staat, Bundesland, Stadt oder Gemeinde besser, kompetenter und günstiger zu machen. Ich stehe für einen starken Staat, der das Gemeinwohl breiter definiert als vielleicht allgemein üblich. Die Therme Stegersbach beispielsweise, die das Land Burgenland gekauft hat, zählt sicher nicht zur Grundversorgung, aber sie ist ein wichtiger Impulsgeber in der Region, eine Achse der regionalen Infrastruktur, die kein Spielball irgendwelcher Investoren sein soll, wie das etwa bei Güssinger Mineralwasser der Fall war.

Für mich ist dieses Buch Gelegenheit, einmal ausführlich über alles zu schreiben, was mich politisch bewegt und was im Burgenland gerade passiert. Vielleicht versteht mich der eine oder andere besser, wenn er dieses Buch gelesen hat.

Es gibt auch etwas sehr Persönliches, das ich mitgeben möchte: Ich habe in meinem Leben mit einigen Rückschlägen umgehen lernen müssen – politischen, aber auch privaten. Wie viele Menschen in diesem Land muss ich mit einer gesundheitlichen Beeinträchtigung leben und arbeiten. Es kostet Kraft und man braucht viel positives Denken. Wenn ein Schicksal zu akzeptieren ist, hilft einem auch der Hausverstand nicht mehr weiter.

## 21. Juni 1970
# Der Tag, als ich geboren wurde

Wenn ich an meine Kindheit denke, dann erinnere ich mich immer wieder an den Geruch von frisch gemähtem Gras. In meinem Heimatort Kroisegg, einem kleinen Grenzort an der burgenländisch-steirischen Grenze in der Nähe von Pinkafeld, gibt es einen Fußballplatz, wie in praktisch jeder Gemeinde. Er wurde vom Sportverein, ein wichtiger Teil der Dorfgemeinschaft, gepflegt. Dazu gehörte auch, regelmäßig das Gras zu mähen und den Abschnitt zu entsorgen. Wir fußballbegeisterten Buben waren fürs Rechen und Wegschaffen des frischen Grases zuständig. Es roch herrlich. Wann immer mir der Duft von frisch gemähtem Gras in die Nase steigt, muss ich an damals denken. An meine schöne, wohlbehütete Welt, in der ich aufwuchs.

Meine ersten fünf Lebensjahre verbrachte ich allerdings in der Siedlung Blumental unweit von Kroisegg. Wie Kroisegg war auch Blumental ein Grenzort zwischen den Bundesländern Burgenland und Steiermark. Staatsgrenze ist das natürlich keine, aber immerhin, es ist ein geteilter Ort. Zwei Häuser standen in der Steiermark, drei Häuser im Burgenland. Kein Wunder, dass mich das Bild der Grenze, die Grenze als Metapher, schon mein ganzes Leben beschäftigt. Danach zogen meine Eltern ins benachbarte Kroisegg. Meine Eltern arbeiteten hart und sparten, damit sie sich ein Einfamilienhaus bauen konnten – der Traum einer jeden Arbeiterfamilie in den 1970er-Jahren.

Ich komme also aus einfachen Verhältnissen. Meine Oma, eine resolute Frau, betrieb in der Nachkriegszeit eine kleine

Landwirtschaft in Blumental, drei Hektar Grund gehörten zum Hof. Ihr Mann, mein Opa, ist im Zweiten Weltkrieg gefallen. Ich kenne von ihm kein Foto, auf dem er lächelt. Er war zum Glück kein überzeugter Nazi, sondern einer, der nicht aus konnte. Mein Vater war das einzige Kind, seine Schwester starb, als sie ein paar Tage alt war. Mann im Krieg verloren, Tochter verloren, alleinerziehend: Meine Oma hatte das Schicksal vieler Kriegswitwen nach dem Zweiten Weltkrieg, die sich allein um ihre Familien kümmern mussten. Mein Vater wuchs also ohne Vater auf. Ein älterer Freund in der Nachbarschaft, ein Russe namens Ivan, der als Koch in einem sowjetischen Stützpunkt arbeitete, war da sicher kein Ersatz. Meine Oma hat von diesen harten Jahren nie erzählen wollen, aber mein Vater, Johann Doskozil, Jahrgang 1938, hat paradoxerweise gute Erinnerungen an seine frühen Jugendjahre. Ivan arbeitete als Koch und nahm ihn mit zum Einkaufen nach Pinkafeld oder auf die Jagd, ließ ihn seine Waffe tragen, und vor allem gab er ihm auch immer etwas zum Essen mit nach Hause. Mein Vater gehörte damals nicht zu den vielen Pendlern, er blieb zu Hause. Zuerst wurde er Fahrschullehrer in Pinkafeld. Später wechselte er zur BEWAG, der Burgenländischen Elektrizitätswirtschafts Aktiengesellschaft, heute kurz »Burgenland Energie« genannt. Dort gehörte er zum Instandsetzungstrupp, der Transformator-Stationen und Leitungen wartete. Er war immer sehr stolz darauf, für dieses Unternehmen zu arbeiten.

Meine Familie mütterlicherseits stammt aus Dreihütten in der burgenländischen Gemeinde Bernstein, hart an der Grenze zu Niederösterreich. Die Familie meiner Mutter war eher christlich-sozial, wählte also Schwarz. Mein Großvater mütterlicherseits war sogar ÖVP-Bürgermeister in Dreihütten. Sie waren außerdem Protestanten und recht liberal gesinnt. Väterlicherseits war die Familie katholisch, sogar sehr katholisch, und sozialdemokratisch. Meine Mutter, Herta Doskozil, 1948 geboren, entsprach ganz dem Idealbild einer Bürgermeistertochter: sehr korrekt und tüchtig. Sie arbeitete vor meiner Geburt einige Jahre in einer Fabrik in Willersdorf. Nach meiner Geburt blieb sie zu Hause und kümmerte sich um die wachsende Familie. 1977 kam meine Schwester Birgit auf die Welt, im Jahr 1984 mein Bruder Klaus.

Wenn man so will, hat sich die ganze Vielfalt des Burgenlands in meiner Familie im Kleinen widergespiegelt. Das kleine östlichste Bundesland tickt in vielerlei Hinsicht anders. Um das zu verstehen, lohnt ein Blick in die Geschichte. Die Randlage im Osten, die besonderen klimatischen Bedingungen bieten eine einzigartige Kombination. Bergland trifft auf Tiefebene. Der Neusiedler See positioniert sich als trennendes Element. Demgemäß ist die Wirtschaft vollkommen anders strukturiert. Vor allem die Landwirtschaft. Monokulturen auf adeligem Großgrundbesitz, bearbeitet von vielen Tagelöhnern ohne eigenen Besitz an Grund und Boden, versorgten den Wiener Hof. Die besitzlosen Tagelöhner hatten eine vollkommen andere Beziehung zu ihrer Arbeit und zum Boden, den sie bearbeiteten, als etwa die besitzenden Bauern in anderen Bundesländern. Dort entwickelte sich über Generationen ein inniges Verhältnis zu »ihrer« Scholle und ein dementsprechendes Selbstbewusstsein. Die besondere burgenländische Ausgangssituation bietet die Grundlage für eine lockere Selbstverständlichkeit im alltäglichen Umgang mit anderen Sprachen, eine gewisse Toleranz das fahrende Volk betreffend, ein unaufgeregteres Nebeneinander verschiedener Kulturen. Wenn niemandem etwas gehört, sind alle ein wenig gleicher.

Während der Weltkriege und in der Nachkriegszeit war ganz Österreich schwer gebeutelt. Aber im Burgenland waren durch ebendiese Randlage der Krieg, die Kriegsgefahr und dann der Eiserne Vorhang immer ein Stück näher als anderswo.

Nach 1945 kam eine intensive Aufbauphase. Ich erinnere mich an die Erzählungen meines Vaters, die von einer Art unbewusstem Verständnis von Toleranz und vom Miteinander-Leben und -Arbeiten berichteten. Wer in der Besatzungszeit zwischen 1945 und 1955 hier war und versucht hat, sich etwas aufzubauen, konnte und wollte sich nicht damit aufhalten, ob nun einer Jude ist oder Roma, ob Kroate oder Ungar. Es ist ums nackte Überleben gegangen. Und zwar nicht nur wirtschaftlich. Es war auch notwendig, mit den russischen Besatzungssoldaten wie dem schon erwähnten Koch Ivan auf sozialer Ebene zurechtzukommen. Wenn der allgemeine Druck so groß ist, dann schweißt das jene, die ihn gemeinsam erleiden, zusammen. Wenn man aufeinander aufpassen muss und einander unterstützt, egal, ob wie damals mit Lebensmitteln oder Hilfeleistungen, entsteht ein Miteinander, das man Kameradschaft oder Solidarität nennen kann. Als das Haus meiner Großeltern väterlicherseits nach Kampfhandlungen getroffen wurde und abbrannte, wurde es mithilfe aller wieder aufgebaut. Da gab es keine Neidgenossen, sondern nur eine Nachbarschaft, in der alle dieselbe Ausgangslage hatten. Und die war für alle gleich schlecht.

Wenn verschiedene Kulturen zusammenleben, spielt auch Religion stets eine wichtige Rolle. Obwohl das Burgenland historisch stets eine Anlaufstelle für religiös Verfolgte war, gab es noch vor wenigen Jahrzehnten gewisse Bruchlinien. Von meinen Eltern weiß ich, dass eine Verständigung zwischen den Menschen verschiedener Religionen in ihrer Jugend gar nicht selbstverständlich war. Als es etwa darum ging, die Hochzeitszeremonie meiner Eltern zu organisieren, wurde noch heftig diskutiert, ob der katholische Pfarrer ein Paar trauen darf, dessen eine Hälfte der evangelischen, die andere der katholischen Glaubensgemeinschaft angehört. Solche Diskussionen gehören zum Glück der Vergangenheit an.

Meine Heimat, Kroisegg, war vorwiegend katholisch. Die Evangelischen waren mit drei Mitgliedern in der Minderheit. Von den dreien war eine meine Mutter. Der Austausch zwischen Kulturen und Glaubensgemeinschaften ist mir persönlich aufgrund meiner eigenen Herkunft ein Anliegen, nicht minder als Politiker. So sehe ich das jüdische Erbe des Burgenlands auch als wichtigen Bestandteil der Geschichte der gesamten Region. Vor diesem Hintergrund hat die Landesregierung die Synagoge Kobersdorf gekauft und renoviert. Sie fungiert heute als Ort des Dialogs, für Veranstaltungen und interreligiöse Begegnungen. Auch die Synagoge in unmittelbarer Nähe zur Burg Schlaining, die auch das international bekannte Friedenszentrum beherbergt, wurde im Auftrag der Landesregierung renoviert.

Als Kind ist man in erster Linie den Einflüssen der unmittelbaren Umgebung ausgesetzt. In meinem Fall als Kind am Land waren das das Elternhaus und die Schule. Ich selbst habe mich hauptsächlich für Sport interessiert. In der Schule war Politik überhaupt kein Thema, im Elternhaus hingegen schon.

Meine Großmutter starb, als ich zehn Jahre alt war, trotzdem habe ich sehr starke Erinnerungen an sie. Sie war liebevoll und mir zugewandt, ein Ausgleich zu meinen sehr beschäftigten, weil hart arbeitenden Eltern. Als sie starb, war sie erst 69 Jahre alt, aber in ihren letzten zehn Lebensjahren schon stark vom Rheuma gezeichnet. Sie konnte das Haus nicht mehr verlassen und war dadurch für mich im Haus sehr präsent. Oft lief Heinz Conrads, der Lieblingsmoderator meiner Oma, im Schwarz-Weiß-Fernsehen. Sie war sehr gläubig. Eines der Dinge, die ich von ihr aufgehoben habe, ist ein Gebetbuch, das sie mir geschenkt hat. Es ist komplett zerfleddert, gespickt mit kleinen Kärtchen von Wallfahrtsorten. Für sie waren diese Bildchen das, was für mich Fußballbegeisterten die Panini-Sammlung war. Sie bewahrte es in einer kleinen grünen selbstbemalten Schatulle auf. Auch die habe ich noch. Beim Rosenkranzbeten nachmittags durfte ich sie nicht stören. Sie betete jeden Tag für gut eine Dreiviertelstunde. In der Volksschule erklärte ich dem Religionslehrer, unserem Pfarrer, dass ich gern sein Nachfolger werden will. So stark hat die christliche Erziehung meiner Oma mich damals geprägt.

Der sonntägliche Kirchgang war aus ihrer Sicht natürlich Pflicht. Sie konnte nicht mehr gehen, aber ich musste sonntags in die Kirche. Im Ort gab es aber nur eine Kapelle, der Pfarrer kam aus der Nachbargemeinde, und das nur am ersten Sonntag des Monats. Wir hatten keine Ministranten, denn eine sehr bigotte Frau aus dem Ort übernahm die Hilfsdienste und hätte sich ganz sicher nicht verdrängen lassen. Somit stand zumindest nie im Raum, dass ich auch ministrieren müsse. Einmal im Monat, am ersten Sonntag, feierten wir dann die Messe. Das war ein geselliges Ritual. Die Männer gingen danach zum Frühschoppen, die Frauen kochten derweil das Mittagessen.

Vor dem Essen betete meine Oma. Sie hielt sämtliche Feiertage und alle Rituale ein. Christlich sein, das bedeutete für sie nicht nur, brav in die Kirche zu gehen, sondern vor allem den Anspruch an sich selbst, ein guter Mensch zu sein und gerecht zu leben. Heute würden wir wohl Solidarität dazu sagen. Egal wie man es nennt: Dieses Empfinden von Rechtschaffenheit ist eine wesentliche Grundlage meines »moralischen Kompasses«, und den hat mir meine Oma mitgegeben. Das Verständnis von Recht, Unrecht, Gerechtigkeit und Glaube gehören zu mir. Sie begleiten mich jede Minute meines Lebens. Ich bin zutiefst davon überzeugt, dass es wichtiger ist, nach einem Wertekanon tatsächlich zu handeln, als nur darüber zu reden. Was man tut, zeigt, ob ein Wertesystem nicht nur theoretisch existiert, sondern gelebt wird.

Mein moralischer Kompass gibt mir Halt und Perspektive für alle Bereiche meines Lebens.

Ich kam wie gesagt aus einfachen Verhältnissen, wir waren allerdings nicht »Working Poor«, sondern klassische »Working Class«. Es wurde hart gearbeitet, damit sich alles ausging, auch wenn keine großen Sprünge drinnen waren. Meine Mutter war nach meiner Geburt zwar zu Hause, aber sie verdiente immer dazu. Sie arbeitete für die Sockenfabrik Falke in Pinkafeld. Während der Phasen der Heimarbeit brachte sie säckeweise Socken nach Hause und leerte sie am Küchentisch aus, weil sie geendelt werden mussten. Ich war für das Umdrehen der Socken zuständig, ich war der »Umdreher«. Die Socken musste man nämlich umstülpen, bevor man den Sockenrand bearbeiten konnte. Später dann, als wir Kinder aus dem Haus waren, ging sie wieder in eine Fabrik, zur Firma Meisterfrost. Dort arbeitete sie noch zehn Jahre, bevor sie dann in Pension gehen durfte.

Arbeiten, dazuverdienen, in der Schule fleißig lernen, damit man es dann besser hat: Das war ständig Thema bei uns zu Hause. Meine Eltern konnten sich ihr Haus in Kroisegg nur bauen, weil mein Vater als Facharbeiter gar nicht schlecht verdiente und dazu noch 100.000 Schilling Wohnbauförderung bekam. Sie machten alles selbst – mithilfe von Verwandten und Bekannten. Während des Hausbaus war mein Vater Alleinverdiener, es galt, drei Kinder zu versorgen, und wir mussten natürlich sparen.

Mein Freund in der Nachbarschaft bekam einen Plattenspieler, dann ein neues Moped. Das hätte ich auch gern bekommen. Meine Eltern haben sich nach Kräften bemüht, oft reichte es dann eben nur für etwas Gebrauchtes oder Übertragenes. Ich bekam ein Moped, aber eben kein neues. Eine KTM Comet, die 110 Km/h schaffte und mein Tor zur Freiheit war. Damit bin ich jede Disco im Südburgenland abgefahren.

Und später dann auch mit meinem ersten Auto: einem Golf der ersten Generation, aber er ist nach der ersten Ausfahrt stehen geblieben, weil der Tankstutzen verrostet war.

Ich habe also gelernt zu verzichten, auch wenn ich gleichzeitig gesehen habe, dass ich nicht der Letzte in der Kette war. Es gab auch Kinder und Jugendliche, die kein Moped hatten. Die Ansage an uns Kinder war immer dieselbe: »Wir können dir materiell nicht viel geben, daher lern', denn das, was du lernst, das kann dir niemand wegnehmen!«

Der Wert von Bildung wurde immer betont. Bildung sei das Wichtigste. Mir wurde nahegelegt, Matura zu machen und zu lernen. Auch wenn die Familie meiner Mutter politisch christlich-sozial geprägt war, hatten meine Eltern bei diesen Themen beide eine sozialdemokratische Grundhaltung. Es ging um sozialen Aufstieg, Leistung, Sicherheit – die drei großen Themen von SPÖ-Bundeskanzler Bruno Kreisky in jenen Jahren. Ob immer Rot gewählt wurde, vor allem in der Zeit nach 1986, als der damalige FPÖ-Chef Jörg Haider so populär wurde, wage ich aber nicht mit Sicherheit zu sagen.

Familie, Schule – und dann? Im damals 232 Einwohner kleinen Dorf Kroisegg gab es nicht viel Abwechslung, das Zentrum des Lebens für uns Buben und Männer waren somit der Fußballverein und der Sportplatz. Am Fußballplatz traf sich der ganze Ort, hier kickten wir fast jeden Abend, hier kümmerten wir uns gemeinsam um die Instandhaltung, hier entstanden, wie schon erwähnt, beim Rasenmähen meine Geruchserinnerungen.

Logisch, dass ich damals in Fußball vernarrt war. Auch meinen Lieblingsclub wählte ich mir: Rapid Wien. Ich träumte wie so viele Buben von einer Karriere als Profikicker. Kurz ließ das Interesse nach, als Tennis modern wurde und Österreich mit Thomas Muster einen Weltranglisten-Star hatte. Mangels eines Tennisplatzes spielten wir auf der Asphaltstraße. Das

Feld wurde mit Ziegelsteinen auf die Straße gezeichnet, als Netz diente eine Holzlatte. Dann schlugen wir mit Plastikschlägern auf den harten Tennisball. Immerhin, der Ball war echt.

Und dann war da noch die Formel 1, mit Niki Lauda als Star. Die Rennen wurden im Fernsehen – das damals nur aus ORF 1 und ORF 2 bestand und das einzige Fenster zur Welt war – übertragen und waren Großereignisse. Bei einem Wettbewerb gewann ich sogar ein Autogramm von Niki Lauda. Die Autogrammkarte wurde mir per Post zugeschickt. Es gab damals nur zwei oder drei zentrale Postkästen im Ort, ich weiß noch gut, wie aufregend es war, dorthin zu marschieren, reinzuschauen, das Kuvert zu finden und Niki Laudas echte Handschrift in den Händen zu halten. Lauda war bei uns am Land unter den Jugendlichen ein Star, alle schwärmten von ihm.

Zum Sport kam bald die Politik, das waren für uns die beiden wichtigsten Dinge abseits von Freunden, Schule und Familie. Politik kam über meinen Vater und über die Medien in meine kleine Welt. Vor allem über das Fernsehen. Während ich an vielen Samstagen meiner Kindheit mit meiner Oma darum kämpfen musste, ob am frühen Abend »Guten Abend am Samstag sagt Heinz Conrads« oder Sport geschaut wird – ich habe leider meistens verloren –, war mein Vater ein sehr eifriger Konsument der politischen Sendungen. In der Schwarz-Weiß-Welt von FS 1 und FS 2, wie damals ORF 1 und ORF 2 genannt wurden, wurden Parlamentsreden übertragen und Politikerdiskussionen veranstaltet. Ich wurde, wie viele meiner Generation, auch durch die Sendung »Club 2« sozialisiert.

Bei den politischen Sendungen hat mein Vater heftig mitdiskutiert und seine Ansichten, was da jetzt gut und richtig oder schlecht und furchtbar sei, lautstark mitgeteilt. Vielleicht hat es mit der heftigen Emotion in diesen Dingen zu tun, dass sich einige der politischen Fernseh-Momente fest in mein

Gedächtnis eingebrannt haben. Die Auftritte des damaligen Finanzministers Hannes Androsch im Fernsehen vergesse ich nie. Die Auftritte des späteren Bundeskanzlers und SPÖ-Chefs Franz Vranitzky ebenso wenig. Die Ehrfurcht von früher ist einer gewissen Bewunderung gewichen, aber die steht diesen großen österreichischen Politikern auch zu. Bruno Kreisky ist für mich eine weitere dieser Ikonen, die ich leider persönlich nicht mehr erleben konnte.

Dafür kam der damalige burgenländische Landeshauptmann Theodor Kery (SPÖ) einmal auf Besuch nach Kroisegg. Der ganze Ort war auf den Beinen, der Schulchor rückte aus und gab ein Ständchen zum Besten – und einige Kinder, darunter auch ich, wurden vom Lehrer ausgewählt, um ein Gedicht aufzusagen.

Die Berührung mit der Politik war allerdings nicht nur SPÖ-lastig. Als ich noch ein sehr kleines Kind war, ist der ÖVP-Vizekanzler Josef Taus im Rahmen einer Wahlkampftour am Pinkafelder Hauptplatz aufgetreten und hat eine Rede gehalten. Mein Vater hat mich dorthin mitgenommen. Ich war zu klein, um zu sehen, wer da am Podium steht und spricht. Verstanden habe ich vermutlich auch nicht viel von dem, was der Mann mit der dicken Brille da geredet hat. Dennoch war es ein Aha-Erlebnis. Die Energie, die da am Platz war, das Engagement und die Intensität im Publikum haben einen bleibenden Eindruck hinterlassen.

Die Erziehung meiner Eltern war wie schon beschrieben konsequent. Ich musste sofort nach der Schule die Hausaufgaben erledigen und lernen, lernen, lernen. Zumindest in der Volksschule. Zum Glück fiel mir das leicht, ich war ein sehr guter Schüler. Vielleicht hat mir auch geholfen, dass der Schuldirektor ein Jagdkollege meines Vaters war, eine Respektsperson, sympathisch und nicht angsteinflößend. Ich musste auch früh Verantwortung und Pflichten abseits der Schule übernehmen. Mir wurden im Haushalt bestimmte Tätigkeiten und Aufgaben zugeteilt.

Mehr Spaß bereitete mir eine andere meiner Pflichten: das abendliche Milchholen beim Bauern, denn dort war ständig etwas los. Dafür gab es eine blecherne Milchkanne, die fasste einen Liter, und der Bauer füllte sie haargenau mit einem Messbecher voll, ich bezahlte mit Kleingeld, das meine Mutter mir mitgab. Mit diesem Bauernhof verbinde ich schöne Erinnerungen, der Bauer ließ mich am Traktor mitfahren und an den Wochenenden war ich oft den ganzen Tag mit den Bauersleuten unterwegs, half beim Ausmisten, Mostpressen oder Kukuruz einsilieren.

In Kroisegg gab es damals sieben Bauern, heute gibt es keinen einzigen mehr. Das Einsilieren war wie ein kleines Erntedankfest, bei dem der ganze Ort mitgeholfen hat, jeden Tag bei einem anderen Bauern. Auch das eine Wirtshaus, das es damals gab, ist heute geschlossen. Es hatte eine Kegelbahn und einen Tanzboden. Dort gab es auch Tanzveranstaltungen, bei denen wir aus der ersten Reihe zugeschaut haben. Mein Vater hatte dann die glorreiche Idee, dass ich ein Instrument lernen sollte. Gitarre? Leider nein. Als Sohn eines Jägers musste es das Waldhorn sein. Immerhin spielte ich bis zu meinem 18. Lebensjahr in einer Musikkapelle und kam ein wenig herum, wenn wir beim Frühschoppen auftraten.

Eine glaubensstarke Großmutter, tüchtige, hart arbeitende Eltern, eine rege Dorfgemeinschaft, sehr viel Sport und das Politische, das über das Fernsehen und durch Besuche aus der fernen Landeshauptstadt oder gar aus Wien in den Alltag einbrach: Das waren also die prägenden Elemente meiner Kindheit. Dazu kamen die ersten Begegnungen mit dem Tod. Meine Oma starb zu Hause und wurde auch in ihrem Zimmer aufgebahrt. Der Blick durch das Fenster des Sarges fiel mir schwer.

Als Kind musste ich noch ein zweites Mal eine Leiche anschauen, es war ein Motorradfahrer, der mit einem Traktor kollidiert war und im Straßengraben starb, unweit unseres Ortes. Damals war es ganz normal, dass Schaulustige sich auf den Weg zur Unfallstelle machten. Heute wird so etwas natürlich abgesperrt. Aber mein Vater nahm mich mit. Das hatte die Folge, dass ich bis heute den Anblick von Leichen kaum ertrage.

Wenn ich darüber nachdenke, ist es seltsam, dass ich mich später dazu entschieden habe, Polizist als meinen ersten Beruf zu wählen. Ich bat im Dienst immer darum, den Bericht zu schreiben, und überließ den Kollegen die Tatortarbeit. Eine Zukunft als Politiker wurde mir ganz sicher nicht in die Wiege gelegt. Aber ich lernte früh, was Zusammenhalt heißt, was gerecht ist und was nicht – und wie wichtig es ist, dass Menschen ihre Lebensumstände verbessern können.

7. September 1983
## Der Tag, als ich ins Gymnasium wechselte

Ich war alles andere als ein Streber. Im Gegenteil. Die übereifrigen Schülerinnen in der ersten Reihe, die immer aufzeigten und sich hervortaten, waren so gar nicht meine Welt. Deshalb legte ich mir eine effiziente Lernmethode zurecht. Das System war ganz einfach: mit dem geringsten Aufwand den maximalen Erfolg erzielen. Ich habe immer gewusst, wann es notwendig ist, etwas zu lernen, und wann eben weniger.

Meine Biologielehrerin im Gymnasium in Oberschützen hat mich vermutlich nicht in guter Erinnerung behalten. Ich sie jedenfalls nicht. Sie hat mich über ein Schuljahr immer als Ersten zur Wiederholung drangenommen. Einmal musste ich als Strafe ein Referat über Verhütung halten. Dies erforderte, in die Apotheke zu gehen, um dort Kondome und andere Verhütungsmittel zu kaufen und sie vor der gesamten Klasse zu präsentieren. Das war in der vierten oder fünften Klasse und für mich natürlich äußerst peinlich.

Vielleicht hätte ich dankbarer sein sollen, dass ich im Gymnasium lernen konnte und nicht nach der Pflichtschule eine Lehre machen musste. Aber in diesen Jahren hat mich alles andere mehr interessiert als die Schule: Mädchen, Mopeds, Musik. Damals war samstags noch Schule, das Wochenende war kurz – und wichtig. Montag und Dienstag hat man die Erlebnisse des letzten Wochenendes verarbeitet, ab Mittwoch hat man sich auf den Samstagabend gefreut.

Dass ich überhaupt aufs Gymnasium kam, verdankte ich einem aufmerksamen Lehrer meiner Hauptschule in Pinkafeld.

So wie alle sieben Kinder meines Geburtsjahrgangs aus Kroisegg wechselte ich nach der Volksschule in Grafenschachen dorthin, es war die nächstgelegene weiterführende Schule. In den ersten beiden Klassen brachte ich sehr gute Noten heim, ohne viel investieren zu müssen. Das fiel insbesondere meinem Englischlehrer auf. Er überredete meine Eltern beim Elternsprechtag, mich aufs Bundesrealgymnasiums in Oberschützen zu schicken.

Für mich bedeutete das, in der dritten Klasse quer einzusteigen, zu einem Zeitpunkt, als sich die Klassengemeinschaft schon gebildet hatte. Anfänglich fühlte ich mich wie ein Fremdkörper. Es hieß auch, recht lange Fahrzeiten auf mich zu nehmen. So wie das Lernen hatte ich auch den Schulweg maximal effizient organisiert. Schulbeginn war um 7:25 Uhr. Der erste Bus ging kurz nach sechs Uhr früh, aber er war immer leer. Wer will schon so früh aufstehen und dann noch dazu 40 Minuten auf den Schulbeginn warten? Den nahm ich also nur, wenn ich noch Hausübungen vor der ersten Schulstunde abschreiben musste. Der andere Bus ging um 6:45 Uhr. Dafür stand ich um 6:15 Uhr auf. Von unserem Haus aus sah man, wenn der Bus am anderen Ortsende einfuhr. Wenn ich dann loslief, ging es sich fast immer aus. Gewartet hat der Bus nie. Im Sommer, bevor ich ins Gymnasium kam, organisierte meine Mutter alle Schulbücher für die neue Schule von einer befreundeten Familie aus Dreihütten, ihrem Heimatort, deren Sohn schon in Oberschützen war. Er ist heute Professor an der Montanuniversität in Leoben. Ich musste im Juli und August also lernen, um den Lehrstoff aufzuholen. Der Quereinstieg ins Schuljahr war sehr gescheit von meiner Mutter organisiert, aber für mich natürlich alles andere als lustig.

So einfach, wie ich mir das Leben im Gymnasium vorgestellt hatte, war es nicht. In der Unterstufe verlangten mir der neue Schultyp, die Professoren und auch die Mitschüler mehr ab, als mir lieb war. Im Gymnasium spürte ich erstmals, was es hieß, ein Außenseiter zu sein. Denn das Gros der Klasse waren Kinder von Rechtsanwälten, Steuerberatern, Ärzten, also Sprösslinge des Bildungsbürgertums. Ich saß neben einem Burschen aus der ungarischen Minderheit aus Unterwart, der auch ein Außenseiter war. Wir passten zusammen. Wie das gerade unter Burschen so ist, behauptete ich mich auch über körperliche Kraft. Es kam zu einer Rauferei mit einem anderen Burschen, der mich besonders gequält hatte. Danach war Ruhe. In der Oberstufe wurde es dann »gemütlicher« für mich, zumindest, was das Sozialleben anging.

Ich würde nie ein Studium schaffen, hat der Deutschprofessor mir mehr als einmal und eher abfällig beschieden. Dass soziale Differenzierung und damit verbundene Zuschreibungen auch bei den Lehrern ein Thema waren, das kannte ich bis dahin nicht. Jetzt wurde es mir deutlich vor Augen geführt.

Die Schule bot Ungarisch und Kroatisch für Angehörige dieser beiden Minderheiten an. Leider nur für sie. Denn das hätte mich sehr interessiert. Ich habe die Kroaten und Ungarn bewundert, aber auch ein wenig beneidet, weil ich auch sehr gern eine zweite Sprache in die Wiege gelegt bekommen hätte. Außerdem hatten die kroatischen Muttersprachler einen Riesenvorteil beim Erlernen der russischen Sprache. Als deutscher Muttersprachler gab es für mich aber nur eine Angebotspalette aus Englisch und Latein ab der dritten und Russisch oder Französisch ab der fünften Schulstufe. Ich wählte dann Russisch, vor allem wegen der Lehrerin, die angenehm und nett war, bekannt dafür, niemanden durchfallen zu lassen und bei der Matura hatte ich den Vorteil, dass niemand sonst verstand, was wir zwei beredeten. In Latein wäre ich in der fünften Klasse fast durchgefallen, weil ich in der vierten auf das Können meines Sitznachbarn vertraut hatte, der seine und meine Schularbeiten schreiben konnte. Unser Lehrer schaute gnädig darüber hinweg und gab mir eine Zwei. Dann bekamen wir einen neuen Lehrer, ich hatte ein Jahr nichts gelernt und kannte mich vorn und hinten nicht aus. Es war mir eine Lehre: Im Leben holt einen alles ein.

Heute habe ich bei bildungspolitischen Themen einen vielleicht etwas anderen Zugang als die meisten meiner Parteikollegen. Vieles hat sich in unserer Gesellschaft verschoben. Der Druck in der Arbeitswelt ist groß, hinsichtlich der Lebenshaltungskosten reicht es nicht mehr, dass nur ein Partner Geld verdient, Frauen sind zum Glück heute gleichberechtigter und eigenständiger denn je. Aber die Gesellschaft ist gleichzeitig auch ein Stück weit egoistischer geworden, Soziologen würden sagen: neoliberaler und entfremdeter. Die generationenübergreifende Verantwortung geht damit verloren; gegenüber den Älteren, Kranken, aber auch den Jüngeren. In den Volks- und Mittelschulen steigen die Zahlen der Eingliederungshilfen, weil Kinder in die erste Klasse kommen, die nicht schulreif sind und Unterstützung brauchen.

Ich sehe das ambivalent. Wir müssen Eltern unterstützen mit mehr Teilzeitmodellen, Karenz-Ersatzzeiten, aber immer nur dem Staat alles zuzuschieben, geht am Ende auch nicht. Doch die Rahmenbedingungen von öffentlicher Seite müssen passen – kostenlose Kinderkrippe, Gratiskindergarten, kostenlose Nachhilfe in der Schule: Im Burgenland sind das politische Selbstverständlichkeiten. Im Idealfall gibt es eine Ganztagsschule, die Nachhilfe, Sport, Künste, Technik, einfach vielfältige Talentförderung abdeckt. Gemeinsam mit dem Psychotherapeuten Peter Stippl, der viel Erfahrung in der Krisenintervention hat, wollen wir im Burgenland vier solche Musterschulen aufbauen. Wir wollen den Kindern helfen, sich und anderen zu helfen, sich eine Aufgabe zu suchen, sei es, jüngere Kinder zu unterstützen, sei es, eine Feier in einem Altersheim auszurichten oder schwimmen zu lernen. Und wir wollen sie auszeichnen und belohnen und ihnen mit der Schulzeit auch eine positive Erinnerung schenken. Nach dem Motto: Das haben wir gemacht, dafür wurden wir geehrt.

Meine ganz persönliche Belohnung war unsere Maturareise, weil sie mein erster richtiger Urlaub war. Meine Familie war nie auf Urlaub gefahren, wir haben nur Tagesausflüge zum Neusiedler See oder zum Stubenbergsee unternommen. Nach der Matura fuhren wir mit der Klasse auf die griechische Ferieninsel Santorin. Da habe ich das erste Mal das Meer gesehen.

Wenn ich meine schulischen Erlebnisse und Erfahrungen Revue passieren lasse und all das beurteile, was ich mit meinen Kindern während ihrer Schulzeit erleben durfte, komme ich zu der Erkenntnis, dass es keine schlechten Schüler gibt, sondern nur schlechte Lehrer. Das mag vordergründig dem Lehrerstand gegenüber ungerecht erscheinen, doch bei genauerer Betrachtung ist der Lehrer die Schlüsselperson in der Klasse. Er ist verantwortlich für Disziplin, Lernerfolg und soziale Kompetenz. Er muss den Draht zu den Schülern finden, verstanden werden und erklären können. Lehrer haben viele Attribute zu vereinen; niemand sagt, dass der Beruf des Lehrers leicht ist. Aber nicht jeder, der den Beruf des Lehrers ausüben möchte, ist auch geeignet, Lehrer zu sein.

## 1989
# Das Jahr, als der Grenzzaun zwischen Ungarn und Österreich abmontiert wurde

Als der Eiserne Vorhang fiel, war ich schon Polizeischüler in Wien und hörte von meinen Verwandten aus dem Burgenland, dass sich die Kühlschränke und Waschmaschinen am Gehsteig vor den Geschäften mit Haushaltswaren stapelten, weil so viele Ungarn über die Grenze kamen, um in Oberwart einzukaufen. Für sie war eine harte Zeit der Reglementierung und der Einschränkung zu Ende gegangen. In Wien spielten sich ähnliche Szenen auf der Mariahilfer Straße ab.

Im Dezember war ich dann zur Bewachung der rumänischen Botschaft am Rennweg abkommandiert. Es war unser erster Einsatz als Polizeischüler und wir waren nervös. Demonstranten bewarfen uns mit Gegenständen, weil wir das alte Regime schützten. Die Situation war paradox. Nicolae Ceaușescu wurde am 25. Dezember 1989 hingerichtet, ich verfolgte die Demonstrationen, seine Flucht vor der aufständischen Bevölkerung im Fernsehen intensiv. Gleichzeitig standen wir vor der österreichischen Repräsentanz dieses Staates und mussten den kommunistischen Diplomaten Sicherheit geben. Es war mir eine Lehre. Als Polizist kriegst du einen Auftrag, musst gehorchen und nicht nachdenken.

Der Fall des Eisernen Vorhangs holte Österreich aus seiner Randlage ins Zentrum Europas und in die EU. Bei der Volksabstimmung für den EU-Beitritt stimmte ich mit Ja. Damals konnte ich nicht ahnen, dass ich später einmal selbst als Verteidigungsminister in einem der höchsten Gremien als Vertreter Österreichs sitzen werde – und mit manchen Vorgängen so gar nicht einverstanden war. Es macht einen Unterschied, ob man eine Institution von außen verfolgt, oder plötzlich selbst im Getriebe eine Rolle übernimmt.

Eine Erfahrung der besonderen Art und durchaus ein Beleg für die – wie ich meine – hausgemachten Probleme Europas waren für mich als Verteidigungsminister die regelmäßigen Treffen der Verteidigungs- und Außenminister. Eingeladen hat zu den Ministerräten die damals amtierende Hohe Vertreterin der EU für Außen- und Sicherheitspolitik, die italienische Sozialdemokratin Federica Mogherini. Mein erster Termin in meinem neuen Amt rückte näher. Ich sollte von den Beamten des Verteidigungsministeriums darauf vorbereitet werden. Die Beamten des Ressorts waren schon seit Wochen damit beschäftigt, die Themen der Agenda des hochrangigen Treffens zu erarbeiten und entsprechende Unterlagen vorzubereiten.

Bei diesen Treffen war ich der Neuling. So wurde mir ein Text vorgelegt, den ich dort vortragen sollte. So etwas stand und steht in krassem Widerspruch zu meiner Auffassung von politischer Arbeitsweise. Natürlich bereite ich mich vor. Selbstverständlich versorge ich mich mit Unterlagen, mit Inhalten, Hintergrundinformationen, Zahlen und Fakten, tausche mich mit Experten aus. Aber einen vorgefertigten Text zum Vorlesen brauche ich wirklich nicht. Ich habe es dann auch abgelehnt, das Vorformulierte auf Punkt und Komma genau vorzutragen.

Wenn man an einem EU-Treffen auf hoher Ebene teilnimmt – damals waren wir noch 28 Vertreter – und nicht in der Lage ist, selbstständig und in freier Rede ein Zwei-bis-drei-Minuten-Statement abzugeben, dann frage ich mich schon, welche Qualität diese Zusammenkünfte der politisch Verantwortlichen jedes Mitgliedslandes haben. Aber das ist die Realität.

Ich hatte zum damaligen Zeitpunkt – naiverweise, wie sich herausstellen sollte – angenommen, dass es bei den Ministerräten einen lebendigen Diskussionsprozess gäbe, in dem neue Themen oder Probleme angesprochen werden. In Wirklichkeit werden die Beiträge und der Ablauf der Treffen vom Brüsseler Beamten-Apparat sehr engmaschig gesteuert. In Wahrheit ist im Vorfeld und im Hintergrund alles schon beschlossen, was von den wirklich Mächtigen gewollt wird. Jeder der Anwesenden sagt sein G'satzl auf, und das war's. Höchstens vier oder fünf Minister sprachen frei. Wenn man sich anhört, was dort gesagt wird, traut man seinen Ohren nicht. Vieles hatte nur ganz am Rande, wenn überhaupt, mit der Sache zu tun, um die es gehen sollte.

Beim Treffen der Verteidigungsminister, an dem ich 2017 in Brüssel teilnahm, glänzte die damalige französische Verteidigungsministerin mit einem unübertrefflichen Beispiel an Themenverfehlung. Sie hatte nicht die geringste Ahnung, was das Thema des Treffens war. So trug sie einen Text vor, der nichts mit den Tagesordnungspunkten zu tun hatte. Nach etwa zwei Minuten stoppte die Außenbeauftragte Mogherini das unwürdige Schauspiel. Es war peinlich.

Meine Erfahrungen im EU-Rat der Verteidigungsminister haben mir gezeigt, wie Politik auf europäischer Ebene gemacht wird. Die wirklichen Entscheidungen werden nicht in Gremien getroffen, sondern von den großen Playern in der EU, in erster Linie von Deutschland und Frankreich. Vor dem Brexit war auch Großbritannien im Club der eigentlichen Macht.

Ich vertrat die Haltung, dass ich mich bei EU-Ministerräten nur dann zu Wort melde, wenn ich auch etwas zu sagen hatte. Ein damaliger Mitarbeiter, Raphael Sternfeld, den ich aus dem Kabinett Werner Faymanns übernommen hatte, riet mir anderes. Sein Credo war immer: jedenfalls etwas sagen, auffallen, wichtig machen.

Das halte ich bis heute in sämtlichen politischen Gremien anders. Während sich viele melden, damit sie etwas sagen, egal, was sie sagen und damit ihre Zeit im Rampenlicht lukrieren, ist das nicht mein Stil. Ich halte diese Art der Wortmeldung zur Selbstdarstellung bei gleichzeitiger Inhaltsleere für eine Unart. »Die lange Rede hat wie die kurze dasselbe Ziel«, sagt Epikur.

Und wie geht es Europa heute? In der Europäischen Union geben zwei, drei große Player den Ton an. Sie bestimmen, und letztlich geht es nur noch darum, ihre Entscheidungen formal in Gremien, das heißt in Ministerräten, absegnen zu lassen. Europas Sozialdemokraten täten gut daran, darüber nachzudenken, wie sie diese Entscheidungsfindung beeinflussen könnten. Das geht nur, wenn man nationale Wahlen gewinnt und die Mitgliedsländer von Sozialdemokraten regiert werden. Mit der Zusammenarbeit der sozialdemokratischen Kräfte Europas steht es derzeit aber nicht zum Besten. Der Zusammenschluss der Parteien existiert eigentlich nur auf dem Papier, die Organisation der Sozialdemokraten auf EU-Ebene ist kein machtpolitischer Faktor in Europa. Eine koordinierte sozialdemokratische Europa-Politik gibt es nicht. In Wirklichkeit dominieren nationale Interessen.

Das wundert mich nicht. Denn nationale und Wirtschaftsinteressen standen schon bei der Entstehung der Europäischen Union im Vordergrund. Und als Wirtschaftsgemeinschaft funktioniert die Europäische Union noch immer ziemlich gut. Alle anderen Erwartungen an die Union haben sich nicht so positiv entwickelt, obwohl sie sich anders sieht und definiert. Die EU ist meiner Ansicht nach bestenfalls ein Friedensprojekt, aber keine Friedensunion und schon gar keine Sozialunion, die auf die Bedürfnisse der Menschen eingeht. Hier sehe ich die große Aufgabe der europäischen

Sozialdemokraten. Daran sollte verstärkt und mit vereinten Kräften gearbeitet werden.

Was die EU ihren Bürgern gern als Leistung in ihrem Sinne vermitteln möchte, ist in Wahrheit ein Nebenprodukt wirtschaftlicher Bedürfnisse. Es gibt den freien Warenverkehr, die Niederlassungsfreiheit, den Schengen-Raum ohne Grenzkontrollen, weil es der Wirtschaft nützt. Dann gibt es noch die gemeinsame Währung, den Euro – alles Errungenschaften, die der Binnenmarkt und die Wirtschaft benötigen. Dass viel im Interesse der Wirtschaft erreicht wurde, ist nichts Falsches, aber es ist noch lange nicht genug.

Welche Rolle kann nun eine europäische Sozialdemokratie vor all den geschilderten Hintergründen spielen? Wie kann sie sich aktiv an der Gestaltung europäischer Politik beteiligen? Zunächst muss sich die EU selbst ein paar grundlegende Fragen stellen. Wie kann es die Union schaffen, so schlagkräftig wie ein Einzelstaat zu agieren? Wie kann die Union sich solche Kompetenzen aneignen? Während der Corona-Pandemie wurde unübersehbar, wie chaotisch die Beschaffung notwendiger Ausrüstungen und Materialien war. Und wie abhängig man von China war. Eine gemeinsame Beschaffungspolitik für bestimmte Güter, das gilt im Übrigen auch für die Verteidigungsindustrie, wäre ein geeigneter erster Schritt in diese Richtung. Die Pandemie hat nämlich zeitgleich gezeigt, dass gemeinsame Beschaffung funktionieren kann. Wie etwa bei den Impfstoffen.

Bei der Energieversorgung wird uns – angefeuert durch den Krieg in der Ukraine – vor Augen geführt, wie notwendig eine gemeinsame Energie-Politik wäre. Die EU muss ganz klar definieren, in welchen Bereichen und für welche Aufgaben es wichtig ist, unabhängig und selbstständig zu sein. So wie der Nationalstaat für die Daseinsvorsorge in seinem Verantwortungsgebiet zuständig ist, sollte die EU im Großen über die Kompetenz verfügen, die Versorgungssicherheit für ihre Bürger und die Unternehmen zu gewährleisten. Das gilt für Energie, die Gesundheit, für die Wasser-Ressourcen, die Pflege, die Verteidigung und das Klima.

Gerade in der Klimapolitik müsste die EU viel entschlossener vorgehen. Die EU-Kommission schreibt Klimaziele vor, der Rat bestätigt sie, aber die wenigsten EU-Fördergelder werden dafür verwendet, dass man die verschiedenen Klimamaßnahmen massiv unterstützt und fördert. Es geht in erster Linie wohl darum, die Wirtschaft durch die Klimapolitik zufrieden zu stellen.

Ein Extrembeispiel für die Schwäche der EU aber auch der europäischen Sozialdemokratie ist die Asyl- und Migrationspolitik. Es gibt unterschiedliche Interessen, aber es gibt auch ein gemeinsames Ziel: eine geordnete, strukturierte Asyl- und Migrationspolitik durchzusetzen. Menschen, die kommen, sollen entsprechend versorgt werden und darauf geachtet werden, dass der Zuzug rechtskonform erfolgt. Die Wege, dieses Ziel zu erreichen, werden völlig unterschiedlich gesehen. Ich nenne nur die beiden extremen Pole in der Asyl- und Migrationspolitik: Luxemburg versus die Visegrád-Staaten, vor allem Ungarn. Die EU war bisher nicht in der Lage, diese beiden Positionen zu vereinen.

Ganz sicher brauchen wir eine bei Weitem besser abgestimmte, gemeinsame Lohn- und Sozialpolitik. In diesem Bereich gäbe es bei einer akkordierten Vorgehensweise sozialdemokratischer Parteien große Gestaltungsmöglichkeiten. Wir hätten eine riesige politische Plattform, die Löhne und Gehälter der Menschen mittel- und langfristig zu verbessern. Das geht nicht von heute auf morgen, aber ein umfassendes Sozialprogramm zu formulieren, wäre der erste Schritt. »Sozialdemokraten Europas, wo seid ihr?!«, möchte man an dieser Stelle rufen.

Meiner Meinung nach ist es auch dringend notwendig, die Ausschüttung von EU-Mitteln viel stärker an Kriterien der Rechtsstaatlichkeit – was ja jetzt Gott sei Dank ansatzweise passiert, wie man an Ungarn und Polen sieht – zu binden. Außerdem sollte die Förderpolitik einer Region mit sozialpolitischen Zielen verknüpft werden. Auch hier ist Ungarn ein Negativ-Beispiel. Mit hohem EU-Fördereinsatz werden riesige Infrastruktur-Projekte wie Straßen gebaut. Daran verdient ein großer österreichischer Konzern Europas, jeder kennt ihn. Wenn man auf diesen Straßen fährt, ist man fast allein unterwegs, weil sich viele Ungarn die Maut nicht leisten können. Was auf regionaler Ebene geschehen muss, nämlich die kommunizierenden Gefäße zwischen Wirtschaft, Politik und Sozialem in ihrem Zusammenwirken zu betrachten, muss auch auf Bundesebene passieren. Und in letzter Konsequenz auf der Ebene der Union.

Welche Kraft die Union entwickeln kann, zeigt das Beispiel des Burgenlandes. Wir waren Ziel-1-Gebiet, wir haben uns wirtschaftlich, gesellschaftlich und auch sozial großartig entwickelt und stehen heute als Modellregion da. Das lässt sich sowohl mit harten Fakten belegen als auch mit Aussagen aus EU-Kreisen selbst. Was die thematischen Beispiele betrifft, könnte man anführen, dass es das Erfolgsrezept des Burgenlandes war, das gesamte Spektrum von Infrastruktur, Wirtschaft, Tourismus, Bildung und Arbeitsmarkt im Auge zu haben – von Investitionen in die Energiewende, in Thermen und touristische Basisinfrastruktur, Betriebsansiedlungen bis hin zu Maßnahmen in die Qualifizierung von Arbeitnehmern. Niemand, der 1989 durch die Orte entlang des ehemaligen Eisernen Vorhanges gefahren ist, hätte sich wohl vorstellen können, wie sehr dieser wunderschöne, schmale Landstrich hart an der Ostgrenze aufblühen würde.

3. Juli 1989
## Der Tag, als ich meine Ausbildung zum Polizisten antrat

Wenn man mich einen »Provinzler« nennt, dann kann ich nur schwer widersprechen. Bis zu dem Augenblick, als ich meine Ausbildung in der Marokkanerkaserne antrat, war ich nur vier Mal in der Bundeshauptstadt gewesen. Und auch das immer nur ganz kurz.

Einmal zu meiner Firmung im Prater. Das zweite Mal als Fünfzehnjähriger 1985, als ich mit Freunden vom Sportklub Kroisegg mit dem Bus zum Europacup-Retour-Match von Rapid Wien gegen Dynamo Dresden fuhr. Auswärts hatten die Rapidler 3:0 verloren und zu Hause 5:0 gewonnen. Rapid war damals die Mannschaft der Stunde, und ich war dabei. Damals ein Fan, heute ein Fan.

Das dritte Mal auf Wien-Woche mit der Schule, da habe ich von Wien nicht so viel mitbekommen, wir hatten anderes im Kopf. Das vierte Mal war ich zur Aufnahmeprüfung für die Polizei-Schule in Wien. Ich kam mit dem Bus aus dem Burgenland in der Friedrichstraße bei der Secession an, mit dem Stadtplan in der Hand musste ich mich zu Fuß bis in die Marokkanergasse durchschlagen. Google Maps auf dem Handy gab es damals natürlich noch nicht.

Tja, und das fünfte Mal kam ich nach Wien, als ich 1989 mit dem Kurs in der Polizeischule begann. Es war der Anfang vom viel zitierten Ernst des Lebens.

Polizist zu werden gehörte ursprünglich nicht zu meinem Lebensplan, ich konnte mir unter dem Beruf nicht viel vorstellen und erste persönliche Erfahrungen im Verkehrsunterricht inspirierten mich auch nicht besonders. Lauter Vorschriften, die man auswendig wissen musste. Zu dem kam, dass ich bei meinen ersten Disco-Besuchen nicht gerade die besten Erfahrungen mit der Polizei machte.

Aber ich musste auch pragmatisch und vernünftig sein. Geld war in meiner Familie immer ein Thema, ein Studium von den Eltern voll finanziert zu bekommen, war keine Option. Das wäre ihnen auch gar nicht möglich gewesen. Ich wollte ihnen aber auch nicht zur Last fallen. Es war immer klar, dass ich arbeiten gehen muss, wenn ich studieren will. Ich habe seit meinem 15. Lebensjahr in den Sommerferien immer rund sechs Wochen gearbeitet, es war für mich sowieso normal, zu jobben. Für mich stand außer Frage, dass ich nach der Matura im Sommer 1988 am 1. Jänner 1989 erst einmal in Pinkafeld beim Bundesheer einrücke – und nicht Zivildienst mache.

Nach der Matura überzeugte mich dann ein Schulkollege vom Beruf des Polizisten. Er sagte: »Geh, komm mit zur Polizei. Da ist immer was los, man hat auch zwischen den Diensten zwei, drei Tage frei.« Das ließe sich mit einem Studium nebenbei vereinbaren. Diese Idee hat mir gefallen – und ich dachte mir, dass ich mir als Polizist mit festen Dienstzeiten das Studium auch besser einteilen könnte. Das Dienstsystem bei der Polizei erlaubte es mir, neben der Arbeit zu studieren, was immer mein Ziel war. Und ich wollte meinen Eltern durch ein Studium finanziell nicht zur Last fallen, meine beiden jüngeren Geschwister waren noch schulpflichtig. Dieser Gedanke beschäftigte mich sehr und hat letztendlich bei meiner Berufswahl eine entscheidende Rolle gespielt. Meine Eltern reagierten sehr erleichtert, als ich ihnen sagte, dass ich zur Polizei gehe und nebenher das Studium machen werde. Ich habe gespürt, wie schwierig es für meine Eltern gewesen wäre, wenn ich sofort zu studieren begonnen hätte. Sie haben es mir zwar nie zu verstehen gegeben, aber ich wusste es. Meine Schwester konnte später Medizin studieren, mein jüngerer Bruder machte es mir gleich: Er ist Polizist in Wien und studierte ebenfalls Jus.

Zurück im Juli 1989, in die Marokkanerkaserne im 3. Wiener Gemeindebezirk und zum Ernst des Lebens. Das Ausbildungssystem der Polizei war verschult. Es wurde den ganzen Tag unterrichtet. Am Unterricht irritierte mich das verordnete Auswendiglernen von Texten und Paragrafen. So war ich das nicht gewohnt. In der Schule wurden wir angeregt, in Zusammenhängen zu denken, mit Logik an die Themen heranzugehen. Je mehr ich mich mit dem Berufsbild des Polizisten identifizierte, desto mehr lernte ich, diese Herangehensweise des Lernens zu akzeptieren.

Ich machte aber auch eine positive Erfahrung: Kommt man als junger Mann vom Land in die Bundeshauptstadt in der Absicht, die Polizeilaufbahn zu beschreiten, erlebt man gleich einmal ein paar Kulturschocks, sodass sich die Kameradschaft mit »Leidensgenossen« schnell und fast automatisch entwickelt. Die Schulkollegen kamen aus allen Bundesländern und wurden in zwölf Parallelklassen zu je 25 Schülern organisiert. Wir wohnten in Vierbettzimmern. Das hatte schon ein ziemliches Kasernen-Feeling. Unsere Freiheiten waren nicht eben üppig, und die Kontrollen waren streng. Die Freiheiten bestanden im Wesentlich darin, dass es uns erlaubt war, die Kaserne jeden Dienstag und Donnerstag von halb vier Uhr nachmittags bis Mitternacht zu verlassen. An den Wochenenden hatten wir frei. Ich fuhr, so oft es nur ging, nach Hause ins Burgenland. Ich war ja weiterhin aktives Mitglied in meinen Vereinen.

Polizist zu sein fand ich gut, aber Jus studieren wollte ich trotzdem immer noch. Bis es so weit war, musste ich mich zuerst bei der Polizei bewähren. Die ersten Jahre hatten es wirklich in sich. Acht Stunden zu Fuß im Revier unterwegs zu sein, egal ob es stürmt, schneit oder die Sonne brennt, kostet Kraft.

Die Dienststelle befand sich in der Wehrgasse, im 5. Wiener Gemeindebezirk. Und die Ausstattung dort war der nächste kleine Kulturschock. Das Polizeirevier war vollkommen veraltet. 1993 ist es schließlich auch aufgelassen worden. Es gab keinerlei Sicherheitsvorkehrungen. Die Schreibmaschinen waren von der Marke Olympia, eine davon war bestimmt antik. Der Ofen, der für ein wenig Wärme sorgte, wurde mit Briketts beheizt. Im Arrest war es am Sitzplatz für den Kollegen heiß, denn dort stand auch der Ofen, in der Zelle am anderen Ende des Ganges war es im Winter eisig. Der Ofen verpestete den Parteienraum mit Rauch und Russ. Das einzig Zeitgemäße war ein Fernschreiber, aus heutiger Sicht ebenfalls eine Antiquität. Die Polizeistation hatte keinen Funkwagen.

Wenn ich im Folgenden die damalige Stimmung in der Polizei, die Praktiken schildere, dann soll das keinesfalls anklagend wirken. Vieles war einfach anders, vieles hat sich seitdem geändert, so wie sich auch der Umgang mit Kritik und Übergriffen in der Gesellschaft verändert hat. Wir sind viel achtsamer geworden und das ist gut so. Für mich war es bei Dienstantritt beispielsweise schockierend mitzubekommen, dass an den Dienststellen auch Alkohol getrunken wurde. Und zwar viel Alkohol. Schon damals habe ich mir geschworen, dass Alkohol und Dienst bei mir keine Freunde werden. Mit der Nulltoleranz halte ich es auch beim Autofahren. Auch die eine oder andere Amtshandlung war für mein Empfinden zu rücksichtslos. An den Umstand, Gewalt anderen gegenüber anzuwenden, auch wenn sie gerechtfertigt war, musste ich mich erst gewöhnen. Das hat mir wehgetan. Ich erinnere mich noch sehr genau an die Worte des damaligen Innenministers Caspar Einem (SPÖ), die er uns 1996/97 bei der

Ausmusterung des Chargenkurses mit auf dem Weg gegeben hatte: »Die Polizisten mögen alle Menschen so behandeln, wie sie selbst gern behandelt werden möchten.« Diesen Satz habe ich mir genau gemerkt.

Dass es Handlungsbedarf gab, ist nicht nur mir, sondern auch dem Gesetzgeber aufgefallen. Dieser reagierte und erließ das Sicherheitspolizeigesetz, das am 1. Mai 1993 in Kraft trat und erstmals das Verhalten der Polizei regelte sowie entsprechende Bestimmungen formulierte.

Trotz alledem war es eine schöne Zeit. Ich machte die Erfahrung von Kameradschaft, Zusammenhalt, gegenseitiger Unterstützung und dem Füreinander-Dasein. Mein Resümee diesbezüglich, verglichen mit anderen Stationen meines beruflichen Lebens, ist, dass je größer die gemeinsame Herausforderung und der berufliche Druck sind, desto besser funktioniert der Zusammenhalt. Wird es sozusagen fad und langweilig, dann bietet das Raum und Platz für die eine oder andere Dummheit, wie etwa sich gegenseitig anzuzeigen; auch das habe ich miterlebt.

Die Härte des Polizistenberufs ist nichts für zart Besaitete. Schwere Raufereien, Morde, Leichen – alles, was man in entsprechenden TV-Serien sieht – habe ich live erlebt. Zur Waffe musste ich tatsächlich nur ein einziges Mal greifen. Ich war mit einer jüngeren Kollegin unterwegs, als wir auf dem Trennstreifen zwischen den Fahrbahnen des Wiener Gürtels einen Drogenhandel wahrnahmen. Ich hielt den Wagen sofort an, sprang aus dem Auto, während die Kollegin zurückblieb. Die Männer rannten in Richtung der Gemeindebauten am Margaretengürtel im 5. Bezirk und waren drauf und dran, sich in einem der Innenhöfe des Gemeindebaus zu verstecken. Ich hinterher. Einer der beiden war plötzlich verschwunden. Ich zog die Pistole und gab einen Warnschuss ab. Ich rannte dem anderen Flüchtigen hinterher. Dieser versteckte sich schließlich unter einem geparkten Auto. Ich nahm ihn fest und hatte den ersten und einzigen Schuss im Einsatz abgegeben.

Was den Drehbuchautoren von Tatort- und anderen Krimis nicht spektakulär genug scheint, um in ihre Werke Eingang zu finden, hat mich persönlich während meiner Zeit bei der Polizei sehr berührt. Oft wurde ich zu Einsätzen gerufen, um psychisch Kranke im Rettungswagen ins Krankenhaus zu begleiten. Mitzuerleben, wie es solchen Menschen wirklich geht, wie tief ihr Leid ist, wie sehr sie auf Verständnis und Unterstützung angewiesen sind und was mit ihnen im Krankenhaus geschieht, hat mich sehr berührt und meinen Horizont erweitert.

Solche Situationen lassen niemanden kalt, auch mich als Polizist nicht. Es ist jedoch wichtig, dass man lernt, sich angemessen von den Geschehnissen abzugrenzen. Bei Konfrontationen jeglicher Art sollte es für einen Polizisten bis zu einem gewissen Grad unerheblich sein, ob er persönlich betroffen ist. Im Dienst steht der Polizist immer in erster Linie als Polizist da. Ob er oder sie etwa die Weltanschauung demonstrierender Bürger teilt oder ablehnt, darf keine Rolle spielen. Wenn ein Polizist die Abschiebung von Teenagern in einer kalten Winternacht persönlich für gerechtfertigt hält oder nicht, darf dies in seinem konkreten Handeln keine Rolle spielen. Es ist und bleibt der Zweck der Exekutive, gesetzliche Vorschriften und richterliche Anordnungen durchzusetzen, auch wenn sie dafür von den Medien kritisiert wird.

Die psychische Belastung für den Einzelnen ist – abhängig von der Konstitution – mehr oder weniger groß. Ich bin immer wieder an meine persönlichen Grenzen gelangt, wenn ich an die Orte von Suiziden gerufen wurde. Oder wenn es den Auftrag gab, Leichenfunde polizeilich zu behandeln. Die Verwesung, den Gestank – das habe ich nicht gut verkraftet.

Gelöst habe ich das Problem in Absprache mit den Kollegen, indem ich die Protokolle schrieb. Dieser Bereich der Polizeiarbeit, ein wichtiger Dienst an der Gesellschaft, wird von der Außenwelt kaum bemerkt.

Seit meinen Anfängen hat sich viel Positives für die Polizei getan. Fuhrpark, Ausrüstung, technische Infrastruktur – heute kein Vergleich zu damals. Die Reviere sind auch mehr oder weniger gut ausgestattet. Die Grenzen im Umgang mit den Bürgern wurden klarer. Das Polizeisicherheitsgesetz 1993 und die Aufnahme von Frauen in den Dienst haben sowohl das Betriebsklima im Inneren verändert als auch für einen insgesamt positiveren Auftritt nach außen gesorgt. Und ich gehe davon aus, dass Teamgeist und Kameradschaft nach wie vor existieren. Damals in meiner Dienststelle im 5. Wiener Gemeindebezirk haben wir die Belastungen und den immer stärker werdenden Druck geteilt und dadurch die Gruppe gefestigt. Die Kollegen, die heute im Einsatz sind, brauchen diese Form der Unterstützung nicht minder.

Ich denke viel darüber nach, wie sich ein Apparat, der so wie die Polizei notwendigerweise hierarchisch geführt werden muss, grundsätzlich von innen heraus reformieren könnte. Der einfache Straßenpolizist hätte damals Reformen kaum anstoßen können, der Druck musste vom Vorgesetzten kommen. Ich habe dutzende Erlebnisse gehabt, wo Kollegen ihre Macht überstrapaziert haben. Den Korpsgeist zu hinterfragen, fragwürdige Vorgänge kritisch aufzuarbeiten, daraus zu lernen, dass man immer das gelindere Mittel anwenden muss, all das ist heute zum Glück präsenter als zu meiner Zeit.

Ein äußeres Zeichen der Zusammengehörigkeit ist heute wie damals in meiner Anfangszeit die Uniform. Darin sehe ich ihre Bedeutung. Ein Statussymbol war sie für mich nie. Natürlich repräsentiert sie nach außen den Status der Staatsgewalt, aber für mich hat die Funktion im Inneren mehr Bedeutung. Ich persönlich habe, wann immer ich in Wien auf Streife war, das Tragen der Uniform nie als soziale Erhöhung gegenüber Nicht-Uniformträgern empfunden.

Eine – sehr unangenehme – schicksalhafte Wendung hat mich dann endgültig in Richtung Jus-Studium geschubst. Im Sommer 1994 kontrollierte ich als Streifenpolizist die Straßen und Gassen entlang des Margaretengürtels im 5. Wiener Gemeindebezirk. So wie die Pilgramgasse und die Kettenbrückengasse gehörte das zu meinem Rayon. Dort schaute ich meistens vormittags vorbei, weil da waren die drogen- oder alkoholkranken Punks, die dort lebten, meistens noch ansprechbar. Mitzuerleben, wie die meisten dieser Gruppe binnen drei Jahren sterben, war eine sehr traurige Erfahrung. Auch die Hausbesetzerszene in der Gassergasse war Teil meines Alltags. Und in den dunklen Ecken der U-Bahnstation Margareten trafen sich damals Drogendealer und Drogenabhängige. Inzwischen hat man die Szene – dank der Drogenberatungsstelle Ganslwirt und anderer Initiativen – etwas besser im Griff. Bei einem meiner Einsätze in der Gegend dürfte ich mich verletzt haben und erkrankte an Hepatitis B, weil ich nicht geimpft war. Auch Handschuhe hatte ich nicht getragen. Es war ein Dienstunfall, ich wurde einige Monate krankgeschrieben, Ärzte verordneten mir Ruhe, um meine Abwehrkräfte zu stabilisieren.

Warum nicht die Zeit nutzen und an der Universität inskribieren? Im September 1994 begann ich im Wintersemester 1994/95 mit dem Studium an der Juridischen Fakultät. Meine erste Vorlesung stammte aus dem Fachbereich der Soziologie, die Prüfung im Jänner 1995 war ein Multiple-Choice-Test, den ich bestanden habe. Das war für mich Motivation genug, weiter zu studieren. Dann habe ich mit der Einführungsvorlesung der Rechtswissenschaften begonnen. Die erste große

Hürde war dann der Test am Ende des Semesters. Auch diese Prüfung hat geklappt.

Ich war definitiv nicht der klassische Student, wie man ihn sich vorstellt: Weder hatte ich Zeit für Partys noch für Diskussionsrunden. Rückblickend gesehen hatte ich wenig Bezug zum Studentenleben. Ich bin nur für die Pflichtübungen auf die Uni gegangen. Den Rest habe ich allein von zu Hause und extern in Kursen gemacht. Erneut war ich ein Außenseiter, wie damals, als ich aufs Gymnasium kam. In den sechs Jahren meines Studiums brauchte ich unglaubliche Disziplin, um neben meiner Arbeit als Polizist mit dem Studium in der Zeit fertig zu werden. Ich wollte unbedingt alle Prüfungen zu den Hauptprüfungsterminen ablegen. Dazu kam, dass ich in dieser Lebensphase meine Familie gründete. 1993 heiratete ich meine damalige Freundin, wir pendelten zwischen meiner Dienstwohnung am Heumarkt im 3. Wiener Gemeindebezirk und dem Burgenland, bis wir im Jahr 2002 begannen, unser Haus zu bauen, in meiner Heimatgemeinde Kroisegg, am Nachbargrundstück meines Elternhauses, also sehr klassisch. Meine Tochter Laura kam im April 1999 auf die Welt, mein Sohn Lukas wurde im Dezember 2000 geboren.

Die Systematik der Polizeiarbeit – die Genauigkeit, Disziplin und Ausdauer – kam mir im Studium entgegen, das hat mir in den Fächern Verwaltungsrecht und Strafrecht sehr geholfen. Am 29. November 2000 fand die Sponsion statt.

Während dem Jus-Studium machte ich von 1996 bis 1997 bei der Bundespolizei auch den Kurs für Dienstführende. Mein Hintergedanke dabei war, mich abzusichern für den Fall, dass ich das Studium nicht schaffe. Sicher ist sicher. Das bedeutete für mich, zum zweiten Mal in der Marokkanergasse die Schulbank zu drücken, diesmal für neun Monate. Nach dem Ende dieser im Beamtenjargon genannten E2a-Ausbildung wurde ich dann Dienstführender in der Polizeiinspektion in der Schönbrunner Straße im 5. Wiener Gemeindebezirk.

Damit nicht genug der Weiterbildung kam ein weiterer Lehrgang auf mich zu. Um einen A-Posten zu bekommen, schreibt das österreichische Dienstrecht einen weiteren Ausbildungskurs und eine Dienstprüfung vor. Mit diesem sechsmonatigen Kurs, der vom Bundeskanzleramt organisiert und durchgeführt wird, begann ich dann 2002. Am 10. Februar 2003 wurde ich dann der Sicherheitsdirektion Burgenland dienstzugeteilt. Täglich pendelte ich zwischen meinem damaligen Wohnort Wien und Eisenstadt hin und her.

Normalerweise ist es üblich, als Polizist nach einem Studienabschluss als Jurist und mit dem akademischen Titel in der Tasche innerhalb weniger Monate einen neuen, der akademischen Ausbildung entsprechenden Posten zu bekommen. Aber meine Beförderung wurde auf die lange Bank geschoben, ich musste einige Jahre bis zum Jobwechsel warten. Ob das damit zu tun hatte, dass in Österreich seit 4. Februar 2000 eine schwarz-blaue Regierung an der Macht war und das Innenministerium, ein Schlüsselressort, von der ÖVP geführt wurde? Und ich mich in der Polizeigewerkschaft auf der roten FSG-Liste engagiert habe? Alle meine Studienfreunde überholten mich links und rechts, ich trat auf der Stelle. Ich wurde der burgenländischen Sicherheitsdirektion zugeteilt, aber nicht als Jurist, sondern »nur« als Straßenpolizist. Das bedeutete auch Gehaltseinbußen, weil ich nicht auf einer Planstelle im Burgenland saß.

Jedenfalls beschlossen meine damalige Frau und ich, uns mit unseren kleinen Kindern nun ganz in unserer Heimat Burgenland niederzulassen. In meiner Zeit als Beamter in der Sicherheitsdirektion in Eisenstadt zogen wir fix nach Kroisegg.

Wenn ich an diese Jahre zurückdenke, dann kreisen meine Gedanken auch sehr um die Idee von Gemeinschaft,

Zugehörigkeit, Corpsgeist. Anders als bei der Polizei hat sich während des Studiums bei mir kein Empfinden von Zusammengehörigkeit unter den Studierenden einstellen können, weil ich eben kein Studentenleben hatte, wie man das so kennt. Ich hatte aufgrund meiner anderen Verpflichtungen einfach keine Zeit, mich mit Kollegen zum gemeinsamen Lernen für Prüfungen in der Uni-Bibliothek zu treffen, vom gemeinsamen Ausgehen ganz zu schweigen.

Wenn dieses Gefühl der Gemeinsamkeit als Kameradschaft bezeichnet wird, dann soll es mir recht sein. Wie schon gesagt, Kameradschaft entsteht dort, wo es anstrengend, hart, gefährlich wird und sie verliert an Intensität, wenn die Aufgaben weniger groß und wichtig werden, wenn der Druck nachlässt und die individuellen Spielräume größer werden. Das klingt ein wenig paradox, ist aber eine Erfahrung, die sich mir immer wieder zeigt.

Der moralische Kompass ist umso wichtiger, wenn man Gerechtigkeit, Recht, Kameradschaft, Solidarität für sich in Anspruch nimmt. Das tun viele, meinen aber mitunter vollkommen unterschiedliche Dinge. Werden sie häufig verwendet und mit völlig unterschiedlichen Inhalten befüllt, droht ein Verlust an Bedeutung. Für mich sind sie die Sterne, nach denen ich navigiere. In sämtlichen Richtungsentscheidungen meines Lebens haben sie eine große Rolle gespielt und mich auf meinem Berufsweg dorthin geführt, wo sie besonders viel bedeuten. Nämlich eben bei der Polizei, im juristischen Bereich und beim Militär.

Ich habe Kameradschaft erleben dürfen. Von Menschen, die da sind, wenn es drauf ankommt, die einem den Rücken stärken, wenn man mit seiner Sicht der Dinge allein dasteht. Zur Kameradschaft gehört auch die Erwartungshaltung, dass im Notfall jemand zu Hilfe eilt. Diese positiven Erfahrungen habe ich bei meinem Engagement bei der Feuerwehr genauso gemacht wie bei der Exekutive. Es tut jedem Team gut, wenn man den Teamgeist auch mit Ritualen und Gesten stärkt.

Nun ist es leider so, dass der Begriff »Kameradschaft« historisch und ideologisch belastet ist. Er wird gebraucht, aber auch missbraucht. Davon sollte man sich verabschieden. Denn im Kern des Kameradschaftsgedankens stecken Grundsolidarität und der respektvolle, wertschätzende Umgang mit den Mitmenschen und der Gesellschaft.

Weder beim Militär noch bei der Feuerwehr oder im Sport kommt man ohne Kameradschaft aus. Ob man es Teamplay oder Fairplay nennt, es handelt sich stets um dieselbe Sache. Das hat mit Nationalismus oder politischem Extremismus nicht das Geringste zu tun.

Im Rückblick auf meine Jahre bei der Polizei, während des Studiums und in meinen Funktionen erkenne ich, dass ich während der Zeit bei der Polizei mehr Freunde und Kollegen im Vertrauensverhältnis und echte, tragfähige Verbindungen hatte, als ich sie in der Politik jemals hatte und haben werde. Diese Erkenntnis klingt einerseits bitter, sollte einem andererseits aber grundsätzlich zu denken geben. Mir ganz besonders. Es wäre mir zehn Mal lieber, gäbe es in der Politik jene Kameradschaft und Verlässlichkeit, statt dieser oberflächlichen Scheinheiligkeit, die man auf Pressefotos eigentlich so leicht erkennen kann.

## 7. Juli 2005
## Der Tag, als das neue Fremdengesetz im Nationalrat beschlossen wurde

Im vorigen Kapitel habe ich erzählt, wie sehr mich die Erfahrungen ernüchtert haben, als Verteidigungsminister in Brüssel an Ratssitzungen teilzunehmen. Der Blick hinter die politischen Kulissen ist immer aufklärend, aber nicht immer erfreulich. Das musste ich auch in meiner kurzen, aber intensiven Zeit als Beamter in der Legistikabteilung im Innenministerium erleben. Es war eine hoch interessante, prägende, aber eben auch ernüchternde Phase. Ich habe viel darüber gelernt, wie Gesetze in Österreich entstehen, wie Politik und Verwaltung tatsächlich funktionieren. Wer glaubt, dass sie im Parlament von den Abgeordneten erarbeitet werden, irrt. Bisweilen wissen die Nationalratsabgeordneten nicht einmal im Detail, worüber sie abstimmen. Dafür haben politische Lobbys, im Innenministerium war es damals das Land Niederösterreich, fast direkten Zugriff. Es ist nur eine Episode, ein Einblick, aber er ist mir wichtig.

Aber der Reihe nach. Das Fremdenpolizeigesetz wurde im September 2005 auch mit den Stimmen der SPÖ, die damals in Opposition war, beschlossen. Dass die SPÖ – damals unter Parteichef Alfred Gusenbauer – zustimmte, verstehe ich bis heute nicht. Das Gesetz, das ich in den Jahren 2004 und 2005 mitformuliert und mitverfasst habe, gilt heute noch.

Dass ich zum dreiköpfigen Juristenteam ins Innenministerium kam, das im Juchee, also im obersten Stock des Ministeriums in der Herrengasse Quartier bezog, war ein glücklicher

Zufall. Im Juli 2004 wurde ich – endlich – auf einen A-Posten befördert, oder wie es im Beamtendeutsch heißt, in die Verwendungsgruppe A1 überstellt. Ich bekam einen Dienstposten im Fremdenpolizeilichen Büro der Bundespolizeidirektion Wien. Mit Fremdenrecht hatte ich zu diesem Zeitpunkt dank meiner Erfahrungen in der Sicherheitsdirektion Burgenland schon viel zu tun gehabt. Ausweisungsberufungen, Schubhaftbeschwerden, Aufenthaltsverbotsberufungen – all das ging in Eisenstadt über meinen Schreibtisch. Damals hat es das ausgeprägte Fremdenrecht ja noch nicht gegeben. Die Sicherheitsdirektion war damals noch die Berufungsinstanz, heute ist die Berufungsinstanz beim Bundesverwaltungsgerichtshof angesiedelt. Asyl war noch kein großes Thema. Schwarzarbeiter aus dem Osten Europas sind fremdenpolizeilich behandelt worden, weil sie keinen Aufenthaltstitel hatten, sie sind in Schubhaft genommen und abgeschoben worden. Die größte Gruppe kam aus Polen.

Kurz danach, im September 2004, wechselte ich ins Bundesministerium für Inneres, ein ehemaliger Kollege aus dem A-Kurs hatte mir den Tipp gegeben, dass es dort eine hoch interessante, aber auch sehr herausfordernde Aufgabe gab: die Neukodifizierung des Fremdenpolizeigesetzes, des Asylgesetzes und des Niederlassungsgesetzes mit allen Nebengesetzen. Es wurde ein Team für diese Aufgabe zusammengestellt, dem ich als Polizist und Jurist mit viel praktischer Erfahrung angehörte.

Damals erlebte ich hautnah mit, wie Gesetze entstehen, wie hart die Verhandlungen und Diskussionen sind, wer sich alles einbringt, wer Druck ausübt, wie schwierig der Interessenausgleich von den Fachabteilungen im Ministerium bis zu den Vertretern aus den Bundesländern ist – kurzum: wie Politik im Detail eigentlich gemacht wird. Die niederösterreichischen Bezirkshauptmannschaften wollten kräftig mitmischen und brachten sehr viele Details und Inhalte ein. Diese konnten teilweise berücksichtigt werden, aber wir mussten natürlich darauf achten, ob alle Wünsche und Anliegen auch verfassungsrechtlich kompatibel sind. Jeder Paragraf, die Organbefugnisse, die Erläuterungen, mussten neu geschrieben werden. Die Behördenaufgaben wurden neu definiert, die einzelnen Abschnitte klar aufgebaut, neue Verwaltungsstraftatbestände kamen hinzu. Die Struktur des Gesetzes hat sich völlig geändert.

Dazu kam massiver politischer Druck. ÖVP und FPÖ wollten die Schubhaft von sechs auf neun Monate ausweiten, es gab auch eine intensive Diskussion über die Zwangsernährung, die sie verlangten, weil Menschen, die abgeschoben werden sollten, immer wieder in den Hungerstreik traten. Die FPÖ-Verhandlungsführerin war damals Helene Partik-Pablé, eine Scharfmacherin. Wer sie noch kannte, weiß wovon ich rede. Ihre derbe Sprache, ihre Art, Spitzenbeamte wie Lausbuben zu behandeln, widerte mich an. Die Anwendung der Zwangsernährung ist gesetzlich dann auch ermöglicht worden, als Ort der Durchführung war die Justizanstalt Josefstadt vorgesehen. Doch in der Praxis wurde dieses Gesetz nie angewendet. So viel zur praktischen Relevanz einer politischen Forderung. Im Nachhinein kann ich klar sagen, dass es sich um reine Symbolgesetzgebung gehandelt hat, was mich immer noch immens stört. Ich lernte in dieser Phase auch die leitenden Abgeordneten der zuständigen Ausschüsse im Parlament kennen. Das waren ruppige Besprechungen mit ÖVP- und FPÖ-Abgeordneten des Nationalrates und nicht wirklich angenehm.

Massive Forderungen, das Asyl-, Niederlassungs- und Fremdenrecht zu verschärfen, kamen auch aus dem Kabinett der damaligen Innenministerin Liese Prokop (ÖVP). Ich erinnere mich gut an eine Unterredung im Büro der Ministerin im ersten Halbjahr 2004 mit Vertretern der Bezirkshauptmannschaften aus Niederösterreich. Ich habe geglaubt, es geht dabei um eine rechtliche Diskussion mit Kabinettsmitgliedern, aber es handelte sich um eine kontradiktorische Vernehmung. Uns – also den Hausjuristen – wurde vorgeworfen, nicht praxisnah genug zu sein und gegen die Linie des Hauses zu verstoßen. Wir sind sozusagen an den Pranger gestellt worden und mussten uns rechtlich rechtfertigen – vor Niederösterreichs Beamtenschaft! Der Leiter der Legistikabteilung, Mathias Vogl, hat uns allerdings immer verteidigt – auch dem Ministerkabinett gegenüber.

Trotzdem: Das hatte ich so noch nie erlebt und hätte es mir auch nicht vorstellen können. Es gab Schreiduelle. Die Ministerin, eine freundliche, aber nicht fachkundige Person, versuchte zu kalmieren. Wir sollen doch nicht so streiten. Für mich war dieses Erlebnis eines der negativen Beispiele bei der Entstehung eines Gesetzes und ein Zeichen, dass man damals auf Kabinettsebene den Beamten des Ministeriums und dem Sektionsleiter nicht zu hundert Prozent vertraut hat. Letztendlich hat sich Gott sei Dank der rechtliche Standpunkt durchgesetzt.

Nach dieser intensiven, gleichzeitig ernüchternden Phase öffneten sich für mich karrieretechnisch gleich mehrere Türen. Ich hätte mich für ein Richteramt im unabhängigen Bundesasylsenat (UBAS), der zweiten Instanz in Asylfragen (heute ist dies der Bundesverwaltungsgerichtshof), bewerben können. Aber ich konnte mir damals als 35-Jähriger das Richterdasein bis zur Pensionierung nicht vorstellen. Auch wenn es sicher ein angenehmer und ruhiger Job gewesen wäre. Stattdessen bewarb ich mich im Juli 2005 erfolgreich für das Amt des Leiters der Verwaltungspolizeilichen Abteilung bei der Sicherheitsdirektion in Eisenstadt.

Im Dezember, ich hatte mein neues Büro eben erst eingerichtet, wurde ich gefragt, ob ich nicht für sechs Monate ins Innenministerium zurückkehren wolle, um die Umsetzung des neuen Fremden- und Asylrechts zu begleiten. Es ging vor allem darum, zu beobachten, was nach Aufgriffen von illegal im Land befindlichen Personen verfahrenstechnisch passieren müsste. Denn Abschiebungen haben nicht funktioniert. Die Gründe dafür waren damals die gleichen wie heute. Es gibt keine Heimreise-Zertifikate, die entsprechenden Rückführungsabkommen mit Drittstaaten fehlen, die Personen tauchen unter, die Identität ist nicht festzustellen oder es gibt doch noch einen Familienbezug. An einem Gesamtkonzept wurde nie nachdrücklich genug gearbeitet. Es hat keine Idee gegeben, wie man das umsetzt. Es hat auch keine Anreizsysteme für eine freiwillige Ausreise gegeben. Die Rückführungsquote lag bei unter zehn Prozent. Die Politik hat diese Quote ganz einfach akzeptiert. Die Politik akzeptiert diese Quote auch heute noch.

In meinem früheren Leben, als ich noch bei der Polizei war, hatte ich aus einer Mischung von Ehrfurcht und Obrigkeitsdenken die Erlässe aus dem Ministerium nicht infrage gestellt. Denn die da oben im Ministerium, das sind ja die Gescheiten. Als ich dann selbst »da oben« im Ministerium war, habe ich bemerkt, dass hier auch nur mit Wasser gekocht wird. Das war eine wichtige Erfahrung in meiner beruflichen Laufbahn, sie hat mich reifer gemacht und mir bei meinem Einstieg in die Politik sehr geholfen.

9. Oktober 2008
# Der Tag, als mich Hans Niessl fragte, ob ich in sein Büro wechseln möchte

Pendeln gehört zu meinem Leben, so wie es viele Burgenländer kennen; anfangs war ich Tages-, dann Wochenpendler. Zum Glück blieb ich bis heute unfallfrei, auch wenn ich ein unleidlicher Beifahrer bin. Oder gerade deshalb. Im Spätherbst 2008 fuhr ich gerade von Eisenstadt über den Wechsel nach Hause, als mein Handy läutete. Am Apparat war Hans Niessl, der Landeshauptmann des Burgenlandes. Er fragte mich, ob ich bei ihm im Büro sein juristischer Referent werden möchte, weil er seinen bisher dafür zuständigen Mitarbeiter wechseln würde. Ohne irgendjemanden zu fragen, habe ich sofort Ja gesagt. Zwei Wochen später saß ich schon im Büro des Landeshauptmannes. Der Büroleiter wusste nicht einmal, dass ich komme, und dass es einen neuen Mitarbeiter geben würde.

Dazu gibt es natürlich eine Vorgeschichte, weil aus heiterem Himmel wäre Hans Niessl nicht auf mich gekommen. Wenn man wie ich Mitte der 2000er-Jahre im Innenministerium tätig war, lernt man früher oder später Oswald Strohmeyer kennen. Der ehemalige Chef der Gendarmerie wurde mit nur 51 Jahren in den vorzeitigen Ruhestand geschickt. »Eine Zwangspensionierung, um einen Sachkritiker mundtot zu machen«, meinte der Betroffene damals. »Ein normales Prozedere«, hieß es im Ressort von Innenminister Ernst Strasser (ÖVP). So viel zur damaligen Unternehmenskultur. Wir Roten bildeten damals eine Leidensgenossenschaft, und Strohmeyer war unser informeller oberster Leidender. Strohmeyer nahm mich rund drei Wochen vor diesem lebensverändernden Anruf zu einem Termin mit Hans Niessl mit. Ich hoffte eigentlich, dass ich mich für einen Job in der Bezirkshauptmannschaft Oberwart bewerben könnte, aber es kam dann eben ganz anders.

Ich wollte damals mehr Struktur in meinem Leben, und ganz sicher weniger pendeln, und deshalb habe ich sofort Ja gesagt. Vielleicht ist das auch ein Beispiel dafür, dass es so etwas wie Schicksal gibt, das einem widerfährt. Ich bin kein Buddhist, aber ich hadere nicht, ich akzeptiere die Wendungen des Lebens. Ich entscheide vor allem spontan. Sätze wie »Darüber muss ich schlafen« oder »Da muss ich meine Frau oder meinen Mann fragen« belustigen mich immer ein wenig. Weil eigentlich weiß man doch in der Sekunde, ob es passt oder nicht. Rückblickend war das natürlich mein Einstieg in die Politik, aber damals, im Moment, als das Angebot kam, dachte ich mir: Super, als LH-Mitarbeiter kann ich dann weiter in die »Struktur«, also in die Landesverwaltung gehen. Ich sah es also eher als Sprungbrett für eine Beamtenkarriere.

Unter den sechs oder sieben engen Mitarbeitern des Landeshauptmannes war ich der einzige Jurist im Büro und wurde mit Arbeit überhäuft. Rechtliche Aspekte des Personalwesens, die Administration des Landtages, der öffentliche Verkehr und die Raumplanung – alles gehörte zu meinen Aufgaben. Vom ersten Augenblick an war ich für die Vorbereitung der Landtagssitzungen, die für den Landeshauptmann sehr wichtig waren, verantwortlich. Das war ein großer Vertrauensvorschuss. Auch die Personalförderung und die Personalentwicklung in der Landesverwaltung, die Nachbesetzungen, die Pensionierungen – all das habe ich gemacht. Ich wusste nicht, welche Probleme es gab. Ich war völlig auf mich allein gestellt, was ich ja in jedem Job vorher auch war. Aber diesmal habe ich einen größeren Druck verspürt, der auf mir lastete. Hans Niessl und ich haben uns persönlich sehr gut verstanden. Ich konnte sehr viel selbst entscheiden, weil ich auch wusste, wie der Landeshauptmann tickt, welche Grundeinstellungen er hat und welche Überlegungen er angestellt hatte. Vieles ist direkt zwischen mir und dem Landeshauptmann gelaufen. Wir waren insofern vertraut, als dass ich meistens schon ahnte, welche Entscheidungen er treffen würde. Nach der Landtagswahl 2010 reiste ich auch häufig nach Wien, um politische Entscheidungen für ihn vorzubereiten, Inhalte zu sondieren, Kontakte zu knüpfen – und so konnte ich auch nebenbei alte Freunde treffen.

Das ist bis heute übrigens mein Zugang: Wann immer es geht, erledige ich Dinge bei einem persönlichen Treffen. Sonst wird telefoniert. Mit E-Mails konnte ich mich nie so recht anfreunden. Als ich als Büroleiter wieder ausschied, hatte ich zigtausende ungelesene Mails in meinem Postfach. Bis dahin hatte es sich herumgesprochen, dass ich mir elektronisch Geschriebenes nicht anschaue und man mich persönlich kontaktieren musste, wenn etwas wichtig ist. Wie sagt man in Wien? »Jedes Schrifterl ein Gifterl«, das spielt natürlich auch mit. Alles Geschriebene kann man so oder so interpretieren, ein persönliches Treffen ist unmittelbar und klarer.

Das zweite, was mir beim Arbeiten damals schon und bis heute wichtig ist: Ich will mich auskennen, mir selbst ein Bild der Lage machen, bevor ich entscheide. Man kann das als Mikromanagement kritisieren, aber als Politiker bin ich die Spitze der Verwaltung und mein Anspruch ist, nichts zu unterschreiben, das ich nicht persönlich verstanden und überprüft habe. Das kann im Alltag eines Landeshauptmanns sehr aufreibend werden, weil viele Konflikte auf einen einprasseln.

Aber zurück ins Jahr 2010. Ich wurde zum Büroleiter von Landeshauptmann Hans Niessl befördert und war damit noch näher an der Politik dran. Bei einem Telefonat mit einem ehemaligen Kollegen aus dem Innenministerium erfuhr ich zufällig von einem bislang geheim gehaltenen Plan des ÖVP-geführten Ministeriums zum Bau eines neuen Erstaufnahmezentrums in Eberau im Burgenland, wo ein ÖVP-Bürgermeister regierte. Ein hochrangiger Beamter hatte in einer Kaffeepause erzählt, dass er im Südburgenland gewesen sei und wie begeistert er von den günstigen Grundstückspreisen in der Region gewesen sei, nur fünf Euro soll ein Quadratmeter kosten.

Bei mir haben sofort alle Alarmglocken geläutet. Wir wussten offiziell von nichts, die Aktion war hinter unserem Rücken passiert, aber wir konnten intern schnell herausfinden, dass es sich um Eberau handelte. Gleich nach der Sommerpause änderte der Landtag in der ersten Landtagssitzung im September 2010 das Raumplanungsgesetz: Für gewisse Kategorien von Gebäuden war ab sofort eine eigene Flächenwidmung vorgesehen. Bestimmte Landesgesetze brauchen auch die Zustimmung des Bundes. Der Bund kann aber auch verschweigen, was im Fall des neuen burgenländischen Raumplanungsgesetzes passierte. Das Innenministerium hat natürlich gemerkt, was die Landesregierung in Eisenstadt plant. Das neue Raumordnungsgesetz trat Ende 2010 in Kraft, das Innenministerium kam unter Druck, hinter den Kulissen liefen bereits die Vorbereitungsarbeiten für den Bau des Erstaufnahmezentrums, das Ministerium bekam die Baubewilligung der Gemeinde am 21. Dezember 2010. Doch der Bürgermeister hatte einen Formfehler begangen und verabsäumt, die Stellungnahme des Umweltanwaltes einzuholen. Durch das Raumordnungsgesetz konnten wir die Bewilligung beeinspruchen. Wir haben die Bescheide aufgehoben und vor dem Höchstgericht recht bekommen.

Abgesehen von der Art und Weise, wie das Innenministerium heimlich und hinterrum agiert hat, wäre es für Eberau, einen Ort mit rund 900 Einwohnern, nicht zu verkraften gewesen, möglicherweise bis zu 3.000 Flüchtlinge aufzunehmen.

Auch dass ich am 1. September 2012 schließlich Landespolizeidirektor des Burgenlandes wurde, war nicht wirklich geplant. Die Stelle war neu, weil die Regierung drei Führungspositionen – jene des Leiters des Landespolizeikommandos, der Sicherheitsdirektion und der Polizeidirektion Eisenstadt – zu einem obersten Sicherheitschef fusionierte. Als Favorit für diesen Posten galt Erhard Aminger, der damalige Sicherheitsdirektor des Burgenlandes und SPÖ-Vizebürgermeister von Loipersbach. Ihm kam eine anonyme – und wie sich später herausstellte, nicht stichhaltige – Anzeige wegen Amtsmissbrauchs in die Quere. Andere Kandidaten gab es nicht. Dann wurde ich von einem Kabinettsmitarbeiter der Innenministerin auf den Job angesprochen. Zuerst winkte ich ab, weil mir die Arbeit als Büroleiter Niessls sehr gefiel.

Am letzten Tag der Frist schickte ich dann doch meine Bewerbung ab, es waren dürftige eineinhalb Seiten, aber mein Lebenslauf mit meinen Stationen im Innenministerium war dort ohnehin bekannt und passte offenbar perfekt. Natürlich tat ich dies in Absprache mit Niessl. Ohne seine Zustimmung hätte ich nicht der neue Vorgesetzte von 1.800 Personen, davon mehr als 1.500 Polizisten werden können. Nun trug ich wieder die dunkelblaue Uniform des Polizisten.

Ich bin nicht nur »Generation Golf«, also ein Angehöriger jener Generation, die mit dem praktischen VW-Modell aufgewachsen ist und der der deutsche Autor Florian Illies ein eigenes Buch mit diesem Titel gewidmet hat. Sondern ich bin auch Generation Haider. Jörg Haider. Wie viele damals beeindruckte mich das Auftreten des FPÖ-Vorsitzenden, sein Selbstbewusstsein, seine freche Art, auch wenn ich viele seiner Meinungen nicht teilte und dann später, als er sich zum fremdenfeindlichen Rechtspopulisten entwickelte, überhaupt nichts mehr mit ihm anfangen konnte. Aber bevor es so weit war, war er ein Phänomen, vor allem ein mediales.

Anfang der 1990er-Jahre wurden die sogenannten Wahl-Duelle beim Fernseh-Publikum immer populärer. Haider verstand es bestens, mit der Kamera umzugehen. Als im Jahr 2000 dann die ÖVP die FPÖ in die Regierung holte, wurde Österreich in der EU von vielen Mitgliedstaaten isoliert, damals galt es noch als Tabubruch, mit einer rechten Partei zu koalieren. Heute ist es Normalität. Im Februar 2000 war Haider beim deutschen Journalisten Erich Böhme in eine Talkshow im deutschen Fernsehen eingeladen. Erich Böhme kündigte an, ihn zu entlarven. Ich sah die Sendung abends, live, und sie hat mich beeindruckt. Haider wurde begrüßt und vorgestellt. Das Publikum im Studio hat ihn eingangs ausgebuht und ausgepfiffen. Seine Art und Weise der Argumentation, seine Art, gegen »politische Pfründe«, wie er das nannte, anzugehen und aufzubegehren, das war neu und anders. Haider war zwar Jurist, schaffte es aber, ohne die oft übliche abgehobene Polit-Sprache, bei der die Leute nach zwei Minuten aussteigen, auszukommen. Mit dieser Methode hat er die Menschen im Saal derartig von sich eingenommen, dass er zum Ende der Sendung hin von denselben, die ihn eingangs ausgebuht und ausgepfiffen hatten, begeistert beklatscht wurde. Das hat mein Bild von Politik und Kommunikation sehr aufgerüttelt.

Ich bin heute wie damals überzeugt, dass das nichts mit den Inhalten zu tun hatte, sondern einfach mit der Art der Präsentation. Mitgenommen habe ich, dass es ein entscheidender Erfolgs-Faktor in der Politik ist, schlicht und ergreifend so zu kommunizieren, dass man von den Menschen verstanden wird. Mit dieser Methode konnte Jörg Haider die Geschichte der Freiheitlichen Partei verändern. Manchmal frage ich mich, wie es ihm ergangen wäre mit den Sozialen Medien und den ganzen Kanälen. Hätte er genauso gut funktioniert?

Ich selbst habe nie eine Rhetorikausbildung oder einen NLP-Kurs gemacht, wie viele andere Politiker. NLP steht für »Neuro-Linguistisches Programmieren«, und ist eine Technik, die einem angeblich dabei helfen soll, sein Gegenüber um den Finger zu wickeln. Viele Politiker versuchen, diese Technik anzuwenden.

Ich bin überzeugt, dass wir – gerade in der SPÖ – mit Politikern wie Haider, Strache und Kickl falsch umgehen. Wir spielen uns als Obermoralisten auf, als Hüter der Wahrheit, als Oberlehrer, anstatt uns mit ihren Inhalten auseinanderzusetzen. Damit stellen wir sie an den Rand, den Schmuddelrand, und stigmatisieren sie. Gleichzeitig verabsäumen wir es, auf ihre Wähler zuzugehen und sie wieder zurückzuholen. Vielleicht sind wir beleidigt, weil sie uns den Rücken gekehrt haben, vielleicht fühlen wir uns zu elitär. Jedenfalls reden wir nicht mit ihnen, sondern über sie, von oben herab. Wenn wir so weitermachen, müssen Kickl – oder der nächste FPÖ-Parteiobmann – nur zuwarten und keine Fehler machen; sie werden in naher Zukunft bald die Mehrheit haben. Sie haben ja Zeit. Wir nicht.

Die Idee, dass diese Art der politischen Kommunikation auch Sebastian Kurz' Schlüssel zum Erfolg war, ist nicht von der Hand zu weisen. Das hat nichts mit den politischen Inhalten zu tun, wiewohl man bei Haider und Kurz durchaus inhaltliche Parallelen feststellen kann. Man könnte sagen, dass Jörg Haider ein Vorläufer von Sebastian Kurz war, aber mit weitaus größerem Intellekt. Einen solchen Effekt hatte auch Bruno Kreisky, der auf seine Weise ein Meister der politischen Kommunikation und Inszenierung war.

Bevor ich in die Spitzenpolitik einstieg, sammelte ich viele Erfahrungen auf lokaler Ebene, in der Personalvertretung –

überall dort, wo ich mich engagierte. In den Jahren 2007 und 2012 war ich SPÖ-Gemeinderatsmitglied in Grafenschachen. Das war Politik auf anderem Niveau. Bescheiden, damit meine ich, dass auf Gemeindeebene kaum ernsthaft debattiert wurde, weil man sich ohnehin unausgesprochen einig war. Man ist bei Sitzungen anwesend und diskutiert ein bisschen mit. Aber die Entscheidungen sind woanders gefallen. Von der romantischen Vorstellung, dass ich hier etwas Wesentliches bewirken konnte, musste ich mich verabschieden.

In meiner Zeit bei der Polizei war ich ganz klassischer Personalvertreter in der Sozialdemokratischen Fraktion. Dass ich mich einer anderen politischen Partei anschließen könnte, war zu diesem Zeitpunkt bereits vom Tisch. Außerdem war ich von der Wirtschaftsorientierung des damaligen SPÖ-Vorsitzenden und Bundeskanzlers Franz Vranitzky angetan, sein Nachfolger Viktor Klima hat mich offen gesagt weniger begeistert.

Am Ende haben mich die persönliche Neigung zu den SPÖ-Politikern und zu deren Inhalten dazu veranlasst, in meiner Zeit als Polizist zuerst Gewerkschafts- und dann Parteimitglied zu werden. Mein eigenes Karriereinteresse hat dabei keine Rolle gespielt, für mich war es auch aufgrund meiner Familiengeschichte naheliegend, einer Partei anzugehören. Wenn man in der Erwartung lebt, dass der Beitritt in eine Partei die Karrierechancen erhöht, stimmt das vielleicht in manchen Fällen. Aber ich war zum damaligen Zeitpunkt ein normaler Streifenpolizist in Wien, ein eingeteilter Beamter ohne Führungsposition. Da wäre ein unmittelbarer Karrierevorteil eine Illusion gewesen.

In meiner Polizei-Zeit gab es allerdings Vorkommnisse, die mir nicht sehr gefallen haben. Etwa hat eine hochrangige Funktionärin, die in meinem Wiener Dienstbezirk wohnte, immer wieder Dienststellenbesuche gemacht. Man kam, sagte

»Hallöchen!«, stellte sich für ein Foto mit den Beamten auf und ging wieder. Solche Aktionen, bei denen kein ernsthaftes Interesse an den Themen und Problemen der Menschen vor Ort gezeigt wird, sollte man sich als Politiker sparen – heute wie damals.

An solchen Nichtvorbildern habe ich auch meine eigene Haltung entwickelt. Hat es einen Sinn, als Politiker aufzutauchen und nicht ernsthaft in ein Gespräch mit dem Gegenüber einzutreten? Oder bei Wahlkampfveranstaltungen Versprechen abzugeben, von denen der Betreffende genau weiß, dass sie nicht einzuhalten sind? Und auch noch zu wissen, dass die Menschen, denen er diese Versprechen gibt, auch wissen, dass sie nicht eingehalten werden? Und alle wissen, dass derjenige, der mehr verspricht, die Wahl gewinnt. Das will ich bis heute nicht verstehen.

Man kann ein Land nicht »gegen die Wand fahren« und nur »Stimmenmaximierung« von einem Wahltermin zum nächsten betreiben. Die finanzielle Verantwortung für das Land bleibt bestehen. Das ist für mich eine wesentliche persönliche und moralische Grenze. Wer diese nicht einhält, möge sich die Frage stellen, wofür er das eigentlich macht und aus welcher Motivation heraus. Der deutsche Jahrhundert-Bundeskanzler Helmut Schmidt hat das auf den Punkt gebracht: »Man macht es für die Menschen. Man dient den Menschen.« Das klingt zwar ebenso simpel wie hochtrabend, allerdings dient es als Richtschnur zur täglichen Selbstüberprüfung.

Als Landeshauptmann hat man ein gewisses Maß an Gestaltungsmöglichkeiten. Ich kann nicht alles umsetzen, aber einiges. Es gibt Instanzen, deren Regeln es zu beachten gilt. Es gibt auch Instanzen, die nicht formalisiert und gesetzlich festgelegt sind, etwa einen Wertekanon, der sich aus der Verpflichtung ergibt, die ein gewählter Politiker gegenüber seinen Wählern hat. Auch der Partei gegenüber besteht eine

Verpflichtung. In der Rolle als Parteivorsitzender und Landeshauptmann verschwimmen die beiden moralischen Ebenen gelegentlich. Dessen muss man sich bewusst sein. Am Ende ist für einen Politiker wie mich nicht die Partei das Wichtigste, sondern das Land und seine Menschen. Als Landeshauptmann bin ich letztlich auch für FPÖ-Wähler und die Wähler aller anderen Parteien zuständig und das gern.

Manchmal ist das in den eigenen Reihen gar nicht so einfach durchzusetzen. Viele Funktionäre machen gern Sonnenschein-Politik, gehen Konflikten aus dem Weg, damit sie nicht negativ auffallen und ihren sicheren Listenplatz behalten. Dazu kommen persönliche oder berufliche Interessen, die ihre politischen Ambitionen beeinflussen. Das klar zu trennen, nicht für den eigenen Vorteil zu arbeiten, nicht abgehoben und arrogant zu werden, auch die Partei sauber zu halten von solchen Tendenzen, ist gar nicht einfach, auch in meinem Team im Burgenland nicht.

Als Politiker verliert man unweigerlich eine Sache: Freundschaften, wie man sie früher pflegen konnte. Man sollte sich für Freunde Zeit nehmen, aber im Politiker-Alltag bemerkt man zunehmend, dass dies schwierig wird, wenn man die Politik wirklich ernst nimmt und die notwendige Zeit investiert.

Darüber hinaus schränkt sich das Sichtfeld durch weitere Phänomene ein: E-Mails, Social Media, Echokammern, die einseitige Perspektiven verstärken, Initiativen einzelner Interessensgruppen. Die Wirkungsmacht dieser einzelnen Kanäle kann so stark sein, dass man sich als Politiker immer wieder auf den Boden der Tatsachen zurückholen muss. Es gilt, sich immer wieder vor Augen zu halten, dass die große Mehrheit der Bürger ein solches Partikularinteresse eventuell nicht teilt. Und das ist das Wesentliche, von dem man sich nicht ablenken lassen darf.

Meine Bürger-Nähe, wie das so schön heißt, hat sich gewandelt. Früher war ich oft im Gasthaus, auf Stammtischen. Heute muss ich diese Kommunikation strukturierter betreiben. Ich mache regelmäßig Sprechtage, zu denen Menschen mit den verschiedensten Problemen kommen. Dort, wo ich mich ganz normal wie jeder Burgenländer bewege, beim Einkaufen, bei Veranstaltungen oder beim Radfahren, werde ich angesprochen und rede auch gern mit den Leuten.

Auf diese Weise erhalte ich nicht nur inhaltliches Feedback oder nur eine Meinung, sondern auch ganz persönliche Ansichten und Kommentare von Menschen, die die üblichen Kommunikationskanäle nicht nutzen. Dieser ungeregelte, spontane Austausch ist sehr wertvoll für mein Gespür als Politiker, für die Menschen und auch für mich als Person. Einerseits erfahre ich so, dass ich immer noch ein normaler Mensch bin, der sich frei bewegen kann, andererseits bin ich auch negativen Kommentaren und gelegentlichen Anfeindungen ausgesetzt. Auch das ist wichtig, um den Bezug zur Realität zu behalten.

Die Sicherheitsbedenken und die Forderung mancher Politiker nach intensivem Personenschutz halte ich für übertrieben. Jeder österreichische Politiker, der sich normal verhält, nicht extrem polarisiert oder sich hetzerisch äußert, kann sich meiner Erfahrung nach in Österreich frei bewegen. Ich brauche keinen Personenschutz, obwohl ich schon einmal eine ernsthafte Bedrohung erlebt habe. Der Urheber dieser Drohung ist sogar verurteilt worden und hat ein paar Monate im Gefängnis gesessen. Allerdings sehe ich das, vermutlich aufgrund meiner Laufbahn bei der Polizei, ein wenig differenzierter. Es ist halt leider Gottes so, dass die neuen Medien schnellen Unmutsäußerungen oder Unsinn aller Art Tür und Tor öffnen. Es lohnt sich, solche Vorfälle frühzeitig zu überprüfen und realistisch einzuschätzen. Ob Personenschutz im

Falle einer ernstzunehmenden Drohung einen Angriff vereiteln könnte, bezweifle ich; es beruhigt aber.

Ein wichtiger Impuls zum Umgang mit den Menschen, die man als Politiker vertritt, kam vom ehemaligen Innenminister Caspar Einem, den ich schon einmal erwähnte. Er vertrat die Haltung, dass ich mit meinem Gegenüber so umgehen muss, als hätten wir eine gemeinsame Lebenswelt, sich deckende Herausforderungen und Probleme. Einem war in diesem Punkt einzigartig. Diese Haltung findet man selten in der Politik.

Zugegeben, es ist nicht leicht, sich immer auf direkter, persönlicher Ebene auszutauschen. Wenn ich an meinen Sprechtagen die Probleme einzelner Bürger höre, versuche ich zu helfen und zu unterstützen, muss mir jedoch bewusst sein: Es geht nicht immer. Als Landeshauptmann kann man nicht alle Anliegen und Wünsche erfüllen, das ist unmöglich. Aber selbst wenn ich im konkreten Fall nicht helfen kann, nehme ich es immer zum Anlass, mich mit dem Thema grundsätzlich zu befassen. Politik dient der gesamten Bevölkerung und darf nicht zum Selbstzweck werden.

Vielen geht es leider nur noch darum, eine Politik zu machen, die garantiert, dass man selbst im System bleiben kann. Dieser Typus hat es nicht mehr im Blick, dass Politik für die Menschen gemacht wird und nicht dafür, dass der Politiker seinen Job behält. Es scheint bei den Betreffenden in Vergessenheit geraten zu sein, dass es ein Leben jenseits des politischen Systems gibt.

Natürlich ist ein Wechsel aus der Politik in einen neuen Job und ein anderes Berufsleben schwierig und für viele nicht vorstellbar. Die Privatwirtschaft entwickelt sich rasant weiter, während man in der Politik tätig ist, sodass ein nahtloser Übergang oft nicht möglich ist. Und dann erhält man nicht das Gehalt, das man in der Politik lukrieren konnte. Einige

Funktionäre, Abgeordnete, Regierungsmitglieder sowie der eine oder andere Bürgermeister haben sich ja Umfelder geschaffen, die mit bestimmten Annehmlichkeiten und gewissen Einnahmesituationen verbunden sind. Die Gehälter der Regierungsmitglieder sind deshalb offengelegt. Aber wenn eine Person zwei oder drei Funktionen innehat, dann fehlt diese Transparenz und das finde ich nicht richtig. Wenn man etwa hier Obmann ist, dort Verbandsobmann und anderswo Geschäftsführer, dann verfügt man unter Umständen über ein Einkommen, das weit über dem Durchschnitt liegt.

Ein Um- oder Ausstieg wäre auch für mich nicht leicht. Ich war lange als Jurist bei der Polizei karenziert, aber seit 2023 bin ich aus der Struktur ganz ausgeschieden. Ich habe nicht nur auf die Position des Polizeidirektors des Burgenlands verzichtet, sondern auch auf die damit verbundene Planstelle. Sollte ich als Politiker aufhören müssen, muss ich bei null beginnen. Ich habe keinen Plan B für ein Leben danach, sollten wir bei den Landtagswahlen 2025 verlieren. Ich hatte noch nie einen Plan B; das ist nicht meine Lebensphilosophie. Wenn eine Tür zugeht, geht eine andere auf. Es ist, wie ich es beim Anruf Hans Niessls auf der Autobahn schon beschrieben habe: Was kommt, das kommt, egal, was man tut.

3. Jänner 2015
# Der Tag, als mein Freund Kurt Kuch starb

Meine Wahrnehmung von Korruption und merkwürdigen Vorgängen in Politik und Wirtschaft wurde nicht nur von Juristen und in meiner Zeit bei der Polizei geschärft, sondern maßgeblich von einem herausragenden Journalisten: Kurt Kuch, der als Aufdeckerjournalist beim Magazin *News* große Anerkennung in der ganzen Branche genoss, habe ich schon lange vor seiner Journalistenkarriere gekannt. Er stammte aus Oberwart und war im Gymnasium zwei Klassen unter mir. Er stieß sich immer an Ungerechtigkeiten, war empört über kleine Unsauberkeiten und große Sauereien. Später dann, als ich Büroleiter des damaligen Landeshauptmanns Hans Niessl war und er bei *News*, hatte er diese Grundhaltung auf die nächste Ebene gehoben und einen Beruf daraus gemacht. War er zuvor noch ein Don Quijote, der einsam und mit untauglichen Ressourcen kämpfte, obwohl er es nicht mit zusammenphantasierten Windmühlen, sondern mit echten Missständen zu tun hatte, hatte er als Journalist die Mittel und kannte die Wege. Wir waren in dieser Zeit wie zwei alte Tratschweiber; oft telefonierten wir drei, vier Mal die Woche.

Zu seinen außergewöhnlichen Eigenschaften gehörte eine besonders effektive Merkfähigkeit und das Talent, all das gespeicherte Wissen, die Namen, die Verläufe, die Termine in Zusammenhang zu bringen. Wo andere viele Notizen, Dokumentationen und Listen brauchten – Kurt hatte alles im Kopf. Wir waren uns in manchen Aspekten ähnlich, allerdings war mein Namensgedächtnis nie so gut wie seines.

Er war allerdings ein Getriebener. Und seine Wege waren mitunter abseits des Üblichen. Etwa erklärte er eines Tages, dass er nun ohne Auftrag zur Tagung der Staatsanwälte und Richter nach Innsbruck fahren und versuchen würde, sich mit den dort Anwesenden die ganze Nacht um die Ohren zu schlagen, um dann, wenn der Alkoholspiegel beim Gegenüber stimme, Informationen zu bekommen.

Ich war zwar immer auch ein Nachtmensch, aber diese beeindruckende Ausdauer und Trinkfestigkeit ist sich bei mir nicht ausgegangen. Dennoch war Kurt lange Zeit mein Sparringspartner, mit dem ich Vorgänge durchdenken und -besprechen konnte und mit dem ich bei ungebrochenem Vertrauensverhältnis alle Aspekte einer Sache beleuchten konnte. Sein Getriebensein hat ihm seine großen Erfolge beschert, aber der damit verbundene Lebensstil hat ihn letztlich auch das Leben gekostet.

Ich erinnere mich sehr genau daran, wo ich war, als ich erfuhr, dass er gestorben war. Ich brachte meine Tochter gerade zur Fahrschule, als der Anruf kam. Das war erst das zweite Mal in meinem Leben, dass der Tod mir eine mir sehr nahe Person entrissen hatte. Das erste Mal war es meine Oma im Jahr 1980. Damals bekam meine Mutter einen Anruf, natürlich am Festnetztelefon, aus dem Spital, ich hörte das Klingeln und wusste sofort, dass sie verstorben war. Drei Tage vor Kurts Tod war ich noch bei ihm im Spital in Graz, und gemeinsam mit seinem Bruder und einem weiteren Freund hatten wir Silvester gefeiert. Kurt aß eine Pizza. Das war typisch für Kurt. Er war parterre beinander, lud jedoch Freunde ein, um mit ihm zusammen zu sein.

Kurt Kuch hat mich nicht nur persönlich begleitet. Die Ereignisse rund um seine Arbeit haben auch gezeigt, wie die Dinge in Österreich wirklich laufen. Als Kuch etwa die Immobilienkäufe des damaligen Raiffeisen International-Chefs

Herbert Stepic in Singapur ans Licht brachte und veröffentlichen wollte, musste er beim Raiffeisen-Spitzenfunktionär Christian Konrad um Freigabe bitten. Der Hintergrund: Raiffeisen war Miteigentümer des Magazins *News*. Konrad hat die Freigabe erteilt.

An dieser Stelle tauchen einige entscheidende und auch unangenehme Fragen auf, die sich jeder, der etwas erreichen oder durchsetzen will, stellen muss. Kurt Kuch hat es sehr beschäftigt, dass er bei der Erfüllung seines journalistischen Auftrags auf Entscheidungen aus den oberen Etagen der Macht angewiesen war. Die Frage stellt sich, wie weit man geht, ob man mit dem Kopf durch die Wand will, ob man solche Grenzen als gegeben hinnimmt oder sich strategisch durchlaviert.

Diese Frage stellt sich jedem politischen Menschen, und mit der Zeit entwickelt man ein Gespür für Vorgänge, die nicht ganz nach Vorschrift laufen. Man fühlt, wenn etwas im Busch ist. Darüber, wie Kurt Kuch den Machtwechsel innerhalb der ÖVP in der Phase der Machtübernahme durch Sebastian Kurz beurteilen würde, hätte ich gern noch mit ihm gesprochen. Er ist viel zu früh gestorben und fehlt mehr denn je.

*27. August 2015*
## Der Tag, als in Parndorf 71 Tote in einem Kleinbus entdeckt wurden

Ich erinnere mich genau an diesen Anruf. Der 27. August 2015 war ein Donnerstag. Ich war bei einem Routinetermin mit Innenministerin Johanna Mikl-Leitner, wir besichtigten die Flüchtlingssammelstelle an der Grenzübergangsstelle Nickelsdorf. Wir hatten dort zuerst ein provisorisches Quartier aufgebaut, später dann auch am Nova Rock-Gelände. Im Büro des Landeshauptmanns war man darüber nicht erfreut. Ich erhielt einen Anruf, dass die Bewilligungen fehlen würden und man das anzeigen müsste. »Passt, ich schreib' die Anzeige!«, antwortete ich, immerhin war es eine Ausnahmesituation. Landeshauptmann Hans Niessl machte mir später ein wenig den Vorwurf, dass wir auch wegen dieses Zeltlagers bei den Landtagswahlen 2015 die absolute Mehrheit verloren hätten. Als Folge hatte er sich einen Koalitionspartner suchen müssen und wählte die FPÖ.

Jeden Tag wurden dort 300 bis 400 Leute durch das Rote Kreuz betreut. Die Stimmung war sehr angespannt, die Hilfskräfte vor Ort waren am Limit. Eine der Mitarbeiterinnen war vor Erschöpfung während des Gesprächs mit Mikl-Leitner kollabiert. Mikl-Leitner nahmen solche Begegnungen persönlich sehr mit, was ich ihr hoch anrechne. Sie ist keine Berufszynikerin, das verbindet uns. Und das Rauchen. Nach dieser Episode fuhren wir zur Polizeistation Nickelsdorf, tranken einen Kaffee und rauchten eine Zigarette. Es war kurz vor Mittag. Dann läutete mein Handy. Was ich hörte, ließ mich erstarren. Auf der Ostautobahn, der A4, auf der Höhe von

Parndorf, war ein Kühllastwagen in einer Pannenbucht abgestellt worden. Beobachter hatten die Polizei alarmiert und angegeben, dass der Lkw von seinem Fahrer verlassen worden war und nun quasi herrenlos in der Pannenbucht stehe. Polizisten öffneten die Ladebordwand und sahen, was uns alle erschaudern ließ. Von 20 Toten war man zunächst ausgegangen, 71 sollten es letztlich sein. Eine Katastrophe von bisher nicht dagewesenem Ausmaß.

Wir machten uns sofort auf den Weg zurück nach Eisenstadt, ein Pressetermin wurde organisiert, die Medien sollten so rasch wie möglich informiert werden, um der medialen Berichterstattung örtliche und zeitliche Struktur zu geben, ihr Informationsbedürfnis also zu befriedigen und zu lenken. Ich blieb nicht ungerührt. Aber ich musste handeln. Ich habe in meinem Kopf sofort umgeschaltet, die emotionale Belastung vorerst weggeschoben. Wir mussten die vielen Opfer identifizieren lassen und die Täter überführen. Diese Aufgabe war sehr belastend. Das war absolut keine alltägliche Amtshandlung. Der Lkw musste von der Autobahn weggebracht werden. Er wurde zunächst in die Straßenmeisterei Parndorf und danach in die Veterinär-Dienststelle am Grenzübergang Nickelsdorf überstellt. In dieser Einrichtung, die seit der Grenzöffnung nicht mehr benutzt wurde, konnten die Ermittler in Ruhe arbeiten.

Wir wollten keinesfalls Reporter vor Ort haben, damit die Ermittler ungestört ihrer Arbeit nachgehen konnten. Wir mussten den Druck der Medien aufnehmen und kanalisieren und das geht am besten, wenn man rasch informiert. Alle Informationen liefen bei mir zusammen, damit ich den Überblick behalten konnte.

Es gab von mir auch die strikte Vorgabe, keine Medien am Tatort zu erlauben und keine Fotos zuzulassen. Leider ging aber doch ein Foto an ein Medium. Bereits um 13:00 Uhr am selben Tag gaben wir dann – Innenministerin Mikl-Leitner und ich – die erste Pressekonferenz. Die Informationen waren noch spärlich, aber mir war wichtig, die Öffentlichkeit über alles, was bisher bekannt war, in Kenntnis zu setzen. Offenheit und Transparenz waren und sind für mich das oberste Prinzip.

Die in der Polizeiausbildung und im Dienst erworbene Routine im Umgang mit schrecklichen Szenarien hat mich für derartige Situationen gewappnet. Als Polizist muss man – ähnlich wie ein Arzt – Distanz wahren, darf Ereignisse, so tragisch sie auch sind, nicht an sich heranlassen, sonst brennt man aus und packt den Job nicht mehr. Ich habe es als Polizist immer geschafft, diese Distanz zu wahren, auch schlimmste Dinge emotional nicht an mich heranzulassen – bis zu diesem einen Tag. Wenn ich an Parndorf denke, dann muss ich immer an die Mutter denken, die im hinteren Teil der Ladefläche saß, mit ihrem Kleinkind im Arm. Dies war ohne Zweifel eines der schrecklichsten Verbrechen, ein Verbrechen, das ich niemals vergessen werde.

Anfang September begann dann das, was wir heute als Flüchtlingskrise bezeichnen und die Unfähigkeit der europäischen Politik in dieser drastischen Art und Weise offenbarte. Ein Polizist aus Oberpullendorf informierte mich nach Dienstschluss, dass er im ungarischen Radio gehört habe, dass Flüchtlinge aus Syrien in Budapest am Bahnhof in Busse gesetzt und nach Österreich gebracht werden. Ich war gerade auf dem Heimweg, wendete sofort mein Auto und fuhr zurück ins Büro. Ich rief meinen damaligen Gruppenleiter an, der unseren Verbindungsbeamten in Budapest kontaktierte, welcher ihm diese Information bestätigte.

Im Nachhinein gesehen hatten wir mehrmals Glück. Es trug dazu bei, dass im Burgenland das Management der Flüchtlinge besser gelang als in der Steiermark. Unser Glück war, dass an diesem Abend ein Verkehrsplanquadrat geplant war und wir alle Kräfte der Landesverkehrsabteilung nach Nickelsdorf abkommandieren konnten. Des Weiteren hatten wir vor Ort schon große Quartiere, einen Bahnhof nebenan in Nickelsdorf und einen Polizisten, der auch Disponent eines großen Busunternehmens war. Er war Spezialist für Pendlerbusse nach Wien und begann sofort, Busse aufzutreiben, um die Menschen in die Transitquartiere oder gleich nach Deutschland zu bringen.

Ab diesem Abend haben wir sieben Wochen lang vor Ort entschieden, entschieden, entschieden, ohne das Innenministerium zu involvieren. Wir bauten vor Ort eine Struktur auf und arbeiteten mit ihr. Für meinen Stellvertreter, der sich dann in Eisenstadt einen Krisenstab einrichtete, war das sicher nicht einfach. Ich habe immer gern vor Ort gearbeitet, draußen, nicht im Büro, sondern im Lagebesprechungsraum. Ich finde das effizienter und besser.

Die ersten Busse aus Ungarn kamen um vier Uhr früh an; es waren über 100. In den Folgetagen kamen pro Tag 7.000 bis 15.000 Menschen. Die Stimmung war angespannt, wir mussten mit äußerster Umsicht und Ruhe agieren, damit es zu keinen Tumulten kam. Wir konnten die Flüchtlinge an diesem einen Punkt in Nickelsdorf nicht registrieren, das war einfach logistisch unmöglich. Aber wir konnten alles unter Kontrolle halten und blieben Herr der Lage, auch wenn wir im Grunde nur das Passieren unseres Landes so gut es ging managten. Die Menschen aus Syrien waren einfacher im Umgang als jene aus Afghanistan. Sie kamen mit ihren Familien und waren freundlich und dankbar. Die Menschen aus Afghanistan waren fordernd, aber auch vielfach aggressiv.

Das Innenministerium war hilflos. Ich erinnere mich an einen Anruf des Generaldirektors für öffentliche Sicherheit. Ich war gerade am Weg nach Heiligenkreuz im Südburgenland, wo ebenfalls Flüchtlinge aus Ungarn ankamen. Ich wollte vor Ort dieselben Abläufe etablieren wie in Nickelsdorf. »Du, es geht jetzt im Süden los. Du bekommst den Auftrag, die Grenzen dicht zu machen. Niemand darf passieren.« Auf meine Frage, wie er sich das konkret vorstellt, meinte er: »Das ist Dein Problem.« – »Das wird nicht so einfach gehen«, argumentierte ich. »Wir haben eine grüne Grenze, Kontrollen halten wir nicht aus, wenn die Menschen einmal auf unserem Staatsgebiet sind, können wir rechtlich keine Pushbacks mehr machen.« Meine Worte blieben ohne Wirkung. Ich verlangte schließlich eine schriftliche Weisung, sonst würde ich es so machen, wie ich es für richtig halte. Ich erhielt sie nie.

Meine steirischen Kollegen bekamen ganz sicher die gleiche Order, so entstand wohl das Bild, das vielen in Erinnerung geblieben ist: Zwei Polizisten stehen an der Grenze auf der Brücke in Bad Radkersburg, vor ihnen unzählige Flüchtlinge. Hilflos.

In jenen Tagen war Nickelsdorf paradoxerweise so etwas wie ein politischer Ausflugsort. Auch Werner Faymann, damals SPÖ-Chef und Bundeskanzler, kam, um sich alles anzuschauen. Reinhold Mitterlehner, damals Bundesparteiobmann der ÖVP, war auch da. Es war ein wenig paradox. Faymann zog mich in der Folge zu Beratungen in Wien hinzu, er schwenkte beim Thema von einer »Wir schaffen das«-Linie auf einen restriktiveren Kurs um. Ein paar Mal war ich zu Gesprächsrunden im Kanzleramt eingeladen. Ich spürte, dass meine Leistungen in der Partei gesehen wurden und ich als potenzieller neuer Sicherheitsexperte auch in der Landes- oder Bundespolitik eine Rolle spielen könnte. Als mich Faymann fragte, ob ich Verteidigungsminister werden möchte, rund 14 Tage bevor es dann offiziell verkündet wurde, sagte ich sofort zu. Ein solches Angebot kann man einfach nicht ablehnen.

Die Position des Verteidigungsministers war aufgrund einer Rochade frei geworden. Der langjährige Sozialminister

Rudolf Hundstorfer kandidierte – letztlich erfolglos – bei der Bundespräsidentenwahl 2016. Ich löste den Verteidigungsminister Gerald Klug ab; dieser übernahm von Alois Stöger die Agenden als Verkehrsminister. Stöger wiederum wechselte ins Sozialressort.

Das Signal war klar: Ich sollte gemeinsam mit dem von der ÖVP gestellten Innenminister – einige Monate war das noch Johanna Mikl-Leitner, dann folgte ihr Wolfgang Sobotka nach – das Thema Migration und Sicherheit für die SPÖ repräsentieren und meine Partei in dieser Frage stärker positionieren. Deswegen sprach ich auch gern vom »Sicherheitsministerium«. Außerdem konnte ich gut mit Mikl-Leitner – mit ihrem Nachfolger war die Zusammenarbeit schwieriger – und brachte somit die besten Voraussetzungen mit, um das Verhältnis zwischen Innen- und Verteidigungsressort zu entspannen. Vom ersten Tag an war für mich die Linie klar, ich arbeite mit dem Innenministerium eng zusammen, weil Streit in der Flüchtlingsfrage nichts bringt. Dieser Karrieresprung war also nicht geplant, er ist Schritt für Schritt passiert.

Aber zurück zum tragischen 27. August 2015, wo zeitgleich zum schrecklichen Fund im weißen Lieferwagen auf der A4 in Wien im Redoutensaal der Wiener Hofburg auf Einladung des damaligen Bundeskanzlers Werner Faymann (SPÖ) die sogenannte Westbalkan-Konferenz tagte. Es ging um die Frage, wie der Flüchtlingsstrom von Griechenland nach Mitteleuropa eingedämmt werden könnte. Gerade einmal 50 Kilometer vom schrecklichen Unglück entfernt, versammelten sich Regierungschefs, Außenminister, der für Erweiterung und Nachbarschaftspolitik zuständige EU-Kommissar Johannes Hahn sowie EU-Chefdiplomatin Federica Mogherini. Die Nachricht schlug auch dort ein.

Aus der drohenden Flüchtlingskrise wurde eine handfeste Katastrophe. Die ganze Welt schaute an diesem Tag auf den

Lkw an der A4. Der weiße Lieferwagen wurde zum Symbol. Die Flüchtlingsversorgungskrise war von diesem Zeitpunkt an das globale politische Thema schlechthin – und ist es bis heute. Die Politik hatte versagt. Krisenmanagement war das Gebot der Stunde.

2015 kamen tausende Flüchtlinge in kürzester Zeit. Die Einsatzkräfte konnten schon damals nur das Notwendigste tun. Der Spitzenwert lag bei 17.000 Menschen, die an einem einzigen Tag an einer Stelle die österreichische Grenze überquerten. Ein Wert übrigens, den auch die Stadt New York kürzlich zu bewältigen hatte. Die Reaktion des New Yorker Bürgermeisters Eric Adams auf die irreguläre Verteilung von Migranten war es, den Notstand auszurufen.

Im Burgenland spüren wir die Folgen des Jahres 2015 bis heute. Das Burgenland ist meistens die erste Station für Menschen auf der Flucht – aber auch für illegale Schlepperbanden. Das Landesgericht in Eisenstadt verurteilt laufend Schlepper, das Landesgefängnis ist mehr als ausgelastet. Wenn der Innenminister Gerhard Karner (ÖVP) gegen Ende des Jahres 2022 einmal mehr erklärt, dass man vermehrt Kräfte ins Burgenland entsenden wolle, um das Schlepperwesen zu bekämpfen und Flüchtlinge zu registrieren, halte ich das für wenig realistisch. Das Personalkorsett ist erschöpft. Woher die Kräfte kommen sollen, kann ich mir nicht vorstellen. Flüchtlinge werden weiterhin kommen, im selben Ausmaß, vermutlich in längeren Zeiträumen, und viele davon wie damals 2015 über die Balkan-Route. Das Burgenland wird wieder in erster Linie betroffen sein. Das zu bewältigen, verlangt Hausverstand im Land, im Bund und in Brüssel

Man wirft mir gern vor, ich sei rechts. Tatsächlich vertrete ich jedoch keine – im ideologischen Sinn – rechte Position, sondern eine rechtliche, eine rechtsstaatliche, die auf dem Boden der Gesetze steht. Nicht mehr und nicht weniger. Ich habe noch nie eine Forderung formuliert, die nur jenseits der Gesetzeslage umsetzbar wäre.

Wenn man die politischen Debatten der letzten Jahre und Jahrzehnte beurteilt, dann gab es die verschiedensten Beiträge und Ideen, und die meisten waren von der Intention getragen, politisches Kleingeld zu wechseln, aber nicht ernsthaft zur Lösung der Situation beizutragen. Ideen, wie Zwangsernährung, Verlängerung der Schubhaft, gemischte Streifen, Schwerpunktaktionen und jetzt aktuell die Bezahlkarte haben nicht geholfen und werden nicht helfen, die Situation in den Griff zu bekommen. Derlei Debatten sind keine geeigneten Schritte hin zu einer Gesamtlösung. Diese kann nur gemeinsam erreicht werden und auch nur dann, wenn es sich um ernsthafte Anstrengungen handelt, um ernsthafte Anstrengungen auf Ebene der Europäischen Union. Diesen Weg zu beschreiten, bedeutet einschneidende Maßnahmen zu setzen, zu agieren und nicht zu reagieren.

Um die Verantwortlichen auf Bundesebene zum Handeln zu bringen und weil es schlichtweg richtig ist, trete ich seit Anfang 2024 vehement für eine »Obergrenze« bei Asylanträgen ein; konkret müsste diese bei 10.000 Anträgen jährlich liegen. Das ist eine Notwehr-Maßnahme, bis in Europa die Gesetze wieder gelten. Allen voran die Dublin-III-Verordnung, denn würde diese eingehalten werden, könnte es niemals sein, dass ein Staat wie Österreich – ohne Außengrenze mitten in Europa – pro Kopf die meisten Flüchtlinge aufgenommen hat. In den vergangenen Jahren ist Österreich zum Zielland Nummer eins geworden; das muss in dieser Deutlichkeit auch einmal ausgesprochen werden. Ich habe die Regierung aufgefordert, die Durchsetzung der Asylrechte beim Europäischen Gerichtshof einzuklagen.

Es stellt sich immer wieder die Frage, ob man den Themenkreis rund um Flucht, Aufenthaltsrecht und Asyl für

Europa außerhalb Europas lösen könnte. Nehmen wir einmal das australische Modell, von dem der ehemalige Bundeskanzler Sebastian Kurz so begeistert war, als Beispiel. Es funktioniert folgendermaßen: Wir bringen alle Flüchtlinge auf eine Insel. Und dort bleiben sie dann. Es gibt keine Verfahren. Wir warten und beobachten, was sich entwickelt. Diese Methode ist eine Politik der Abschreckung. Sie entspricht weder dem Rechtsstaat noch ist sie moralisch akzeptabel. Womit man sich daher aus meiner Sicht zwingend beschäftigen muss, ist die rechtliche Grundlage für europäische Verfahren, die außerhalb Europas geführt werden sollen. Diese soll erstens gewährleisten, dass den Schleppern in Europa das Handwerk gelegt wird. Und zweitens, dass die Verfahren vor Ort in den Botschaften oder an den EU-Außengrenzen abgehandelt werden. Das wäre im Grunde nichts Neues. In der Vergangenheit haben tausende Verfahren in Botschaften stattgefunden. Die Krisen werden zunehmen, ebenso die Konflikte bis hin zu kriegerischen Auseinandersetzungen. Europa braucht daher ein klares Programm einer funktionierenden Asyl- und Migrationspolitik.

In der Praxis der Migrationskrise hat sich das genau umgekehrt abgespielt. Zuerst wurde die Verteilungsfrage gestellt. Erwartbar und reflexartig kam ein Nein – etwa aus Polen und Ungarn. Nein hat auch Österreich gesagt, aus meiner Sicht auch vollkommen verständlich und absolut richtig zu diesem Zeitpunkt. Denn sobald man als einzelner Staat einer Verteilungsquote zustimmt, hat man es eventuell mit einem doppelten Migrationsstrom, dem legalen und dem illegalen, zu tun. Eine solche Situation ist weder kalkulier- noch kontrollierbar. Um Europa – mit Brüssel als Kapitän – durch diese Krise hindurchzusteuern, empfiehlt sich ein gemeinsames Meinungsbild. Und dieses sollte bestenfalls auch auf Staaten außerhalb Europas erweitert werden. Es ist ein Gebot des

Hausverstands, Staaten wie beispielsweise den Libanon oder Jordanien massiv zu unterstützen und mit ins Boot zu nehmen, denn man darf nicht vergessen, dass diese Staaten zumeist auch ohne Flüchtlingskrise bereits massive Wirtschaftsprobleme haben und ohnehin unsere Unterstützung brauchen. Im gleichen Ausmaß brauchen wir sie in der Frage der praktischen Administration der Verfahrenszentren sowie auch in der Frage der Abschiebung negativ beschiedener Fälle.

Ein negativer Bescheid ergeht aufgrund der Genfer Flüchtlingskonvention und erfolgt somit auf einer international anerkannten rechtlichen Grundlage. Wenn Staaten wie Jordanien oder auch die Türkei für Europa die Abwicklung und Rückführung von Flüchtlingen übernehmen, kann man das als Gegenleistung für wirtschaftliche Unterstützung werten. Natürlich darf daraus kein Geschäftsmodell werden, aber eine solche Zusammenarbeit könnte einen Entwicklungsschub für die betreffenden Staaten bringen. Aus europäischer Sicht wäre das eine geeignete Vorgehensweise, um die Asyl- und Migrationssituation in den Griff zu bekommen.

Die Kriege in der Ukraine und in Israel beziehungsweise dem Nahen Osten haben den Migrationsdruck im öffentlichen Bewusstsein in den Hintergrund gedrängt, aber aktuell erleben wir einen ähnlichen Migrationsdruck wie 2015. Österreich war im Jahr 2022 mit über 100.000 Asylanträgen konfrontiert, 2023 waren es 58.700. Dieser Trend wird sich nach allem, was wir derzeit an internationalen Entwicklungen beobachten, auch in den kommenden Jahren fortsetzen.

Bei all dieser Komplexität und den Herausforderungen auf europäischer Ebene wird sich schlussendlich die Frage stellen, wer zuerst agieren wird – die Politik oder die Wähler.

16. Februar 2017
## Der Tag, als ich eine Anzeige gegen Eurofighter einbrachte

Das Urlaubshotel Vila Vita Pannonia in Pamhagen, im südlichsten Eck des burgenländischen Seewinkels, hart an der ungarischen Grenze, ist normalerweise ein Ort der Ruhe und Entspannung. In meiner Zeit als Verteidigungsminister funktionierten wir einen Teil der Anlage, einen Turm, zu einem Special-Operation-Treffpunkt um. Abgeschirmt, bewacht, unter höchster Sicherheits- und Geheimhaltungsstufe. Nur einige wenige Mitarbeiter im Ministerium wussten darüber Bescheid, darunter natürlich Generalstabschef Othmar Commenda. Das Bundesheer war für die Security zuständig. Der Saal wurde abhörsicher gemacht. Alle mussten vor Betreten des Saals ihre Handys abgeben. Am Sitzungstisch wurde in aller Offenheit gesprochen und diskutiert.

Es ging um eine höchst heikle und sicherheitspolitisch umstrittene Angelegenheit: die Eurofighter-Beschaffung. Wir sichteten zigtausende Unterlagen, Dateien, bearbeiteten sie datenforensisch, strukturierten sie neu und rollten am Ende den gesamten Prozess des Ankaufs, der Gegengeschäfte, der vermuteten Kick-backs und Schmiergelder mithilfe externer Experten, Gutachter und der internen Revision im Haus neu auf. Wir schufen sogar einen eigenen Abrechnungskreis im Ministerium, damit niemand etwas bemerken konnte. Wir bauten eine eigene IT-Infrastruktur auf. Der ganze Prozess dauerte etwa eineinhalb Jahre. Das Ergebnis war eine Anzeige bei der Staatsanwaltschaft zur Durchsetzung unserer Ansprüche. Das Risiko war erheblich, denn ich musste damit rechnen, dass ich als Person von Seiten Eurofighter geklagt werden würde.

Es sei nicht alltäglich, hieß es vielfach, als ich am 16. Februar 2017 bei der Staatsanwaltschaft Wien eine Strafanzeige wegen des Verdachts auf Betrug gegen die Airbus Defence and Space GmbH (vormals EADS Deutschland GmbH) und die Eurofighter Jagdflugzeug GmbH einbrachte. Die Republik hatte sich als Privatbeteiligte dem Verfahren mit einem Schaden von 183,4 Millionen Euro angeschlossen.

Aber wenn mir potenziell strafrechtlich relevante Sachverhalte vorgelegt werden, ist es meine Pflicht als Minister, zu handeln. Ich verabscheue Korruption. Als Polizist und Jurist ist das gewissermaßen in meiner DNA. Ich habe dabei auch oft an meinen verstorbenen Freund Kurt Kuch denken müssen. Er hat zur Causa Eurofighter viel recherchiert und wir haben uns oft darüber unterhalten – da war ich noch lange kein Verteidigungsminister. Die Sache zog sich ja seit mehr als einem Jahrzehnt hin. Der Verdacht, dass es bei der Beschaffung der Kampfjets zu unlauteren Gegengeschäften gekommen war, stand schon lange im Raum.

Aber wie kam es zur »Special Operation« Eurofighter in Pamhagen? Als ich als Verteidigungsminister bestellt wurde, kamen die Abteilungen der Reihe nach zu mir, um sich vorzustellen. Von der internen Revision – konkret von ihrem Leiter, Hans Hamberger – war auch gleich nach meinem Amtsantritt der Hinweis gekommen, dass dieser Beschaffungsvorgang zwar intern im Rahmen einer Task Force untersucht, aber nie wirklich ordentlich durchleuchtet wurde. Die politischen Widerstände, vor allem aus dem Wirtschaftsministerium, seien zu stark gewesen, niemand wolle sich wirklich mit dem Thema befassen. Ich habe Hamberger für seine sachliche, korrekte Art sehr zu schätzen gelernt. Ein mustergültiger Beamter.

Hamberger war der Ansicht, dass man die Sache zu Ende recherchieren müsste, damit man wirklich wissen könne, ob bei den Ankäufen alles mit rechten Dingen zugegangen sei oder nicht. Es ging um die Frage einer möglichen Nachbeschaffung beim schwedischen Rüstungskonzern Saab, deren Voraussetzung ein Abschluss der Vorgänge rund um den Erwerb der Eurofighter sein müsste. Die Notwendigkeit dieser Aufarbeitung war für mich klar.

Aber wie sollte das funktionieren? Das Verteidigungsministerium ist ein Sonderfall. Der Minister kann nicht viel beeinflussen. Die Lobbyisten gehen ein und aus. Die Budgets, die für Beschaffungen aufgewendet werden, sind immens, wobei es nicht nur um die Anschaffungskosten, sondern auch um Begleit- und Servicekosten geht. Die Militärs und Produzenten sind international ausgezeichnet vernetzt, wahrscheinlich besser als die Außenpolitiker. Man unterhält zum Teil langjährige Kooperationen, trifft sich hier bei einer Flugshow und anderswo zu einer Präsentation. Diese Verbindungen sind historisch gewachsen und sehr eng.

Zu eng meiner Ansicht nach. Wirtschaft und Verteidigung haben gemeinsame Forschungsprojekte. Auch in Österreich wurde etwa das Sturmgewehr 77 gemeinsam mit dem Bundesheer entwickelt. Bis zu einem gewissen Grad ist das nachvollziehbar und akzeptabel, da man ein Gerät idealerweise in Verbindung mit seinem Anwender entwickelt.

Es deutete sich allerdings an, dass die Causa Eurofighter eine andere Dimension hat. Aber wie kommt man zu entsprechenden Akten? Die interne Aufarbeitung im Ministerium war eingeschlafen. Staatsanwalt Michael Radasztics war an der Causa Eurofighter dran, aber er wurde im Justizministerium mit anderen Fällen zugemüllt und ging unter. Ich war so naiv, dass ich dem damaligen Justizminister, Wolfgang Brandstetter (ÖVP), zwei Planstellen für zusätzliche Staatsanwälte antrug, damit etwas weiterging. Aber mein heutiger Eindruck ist, dass er offensichtlich kein Interesse daran hatte, die Sache aufzuklären. Wir wussten, dass in Deutschland ein Ermittlungsverfahren anhängig war, aber insgesamt war das Datenmaterial eher dünn. Dafür hat uns der grüne Oppositionspolitiker und Aufdecker Peter Pilz alle seine Unterlagen zur Verfügung gestellt; wir haben sehr gut kooperiert. So kam es zur Einrichtung unserer Special Operation unter Leitung des Generalmajors Hans Hamberger, bestehend aus Militär, externen Beratern, Rechtsberatern und mir.

Im Nachhinein wundert es mich, dass unsere Zusammenkünfte und Recherchen tatsächlich über ein Jahr geheim blieben. Vielleicht wäre es unter anderen Umständen auch bedenklich gewesen, dass sich im Umfeld eines Ministeriums so eine Extra-Struktur bilden kann, ohne dass die offizielle Struktur etwas merkt. Aber in unserem Fall ging es um eine gute Sache. Auf diesem Weg lernte ich auch ausgezeichnete Experten kennen: Johannes Zink, seitdem mein Vertrauensanwalt, oder den Krisenkommunikator Alfred Autischer, eine Empfehlung von Kurt Kuch, der ihn als hartes, aber faires Gegenüber bei seinen Recherchen über den Waffenkonzern Glock erlebt hat.

Ich habe übrigens erst einen Tag vor der Pressekonferenz, bei der ich die Anzeige verkündete, den damaligen Bundeskanzler Christian Kern über den Prozess informiert. Er reagierte sehr gelassen und gab mir volles Vertrauen.

Ich war davon überzeugt, dass eine solche Recherche und ein solcher Prozess ohne dieses Maß an Geheimhaltung keine Aussicht auf Erfolg gehabt hätten. Die Struktur hätte den Prozess torpediert. Was ich damit meine? Je mehr wir recherchierten, desto mehr misstraute ich dem schwarzen Justizministerium in der Eurofighter-Causa: Justizminister Brandstetter, aber allen voran dem mächtigen, inzwischen tragisch verstorbenen Chef der Sektion für Strafrecht Christian Pilnacek. Letzterer galt schon damals als ÖVP-Mann und gab der Causa keine Priorität. Offensichtlich wollte die ÖVP ihren Ex-Kanzler Wolfgang Schüssel schützen, der unter der schwarz-blauen Regierung in Verantwortung war, als der Eurofighter-Deal abgeschlossen wurde.

Wir fanden zusätzlich auch einen Anknüpfungspunkt in den USA. Das amerikanische Justizministerium hat eine Whistleblower-Option, die wir nutzen konnten. Hätten wir es allein in Österreich über das Justizministerium versucht, wäre die Wahrscheinlichkeit groß gewesen, dass wir den Akt aus irgendwelchen formalen Gründen zurückbekommen hätten, und die Sache im Sand verlaufen wäre. So hat unser Anwalt gemeinsam mit dem Attaché in Washington die Causa in den USA zur Anzeige gebracht. Eurofighter, beziehungsweise ihr Hersteller, Airbus, wurde 2020 zu einer Strafzahlung in Höhe von 3,6 Milliarden Euro verurteilt – dafür sollte es keine weiteren Ermittlungen in den USA zu der Causa geben. Im Verfahren räumte Airbus eine Reihe von Korruptionsfällen bei internationalen Aufträgen ein, auch in Österreich. Es geht um rund 55 Millionen Euro, die Airbus in Österreich ausgegeben hat, um den Auftrag überhaupt zu erhalten. Dabei werden auch explizit »politische Zuwendungen« genannt. Es ging noch weiter. Airbus hat sich auch mit der Justiz in München geeinigt und eine Geldbuße in Höhe von rund 81 Millionen Euro bezahlt. Nur in Österreich, da geschah mal wieder nichts. »Daschlogts es!«, lautete der legendäre Ausspruch von Christian Pilnacek im Justizministerium.

Ich war persönlich mit einer Klagsdrohung durch Airbus in Milliardenhöhe konfrontiert. Ein solches Szenario ist zunächst äußerst beunruhigend. Allerdings weiß man als Jurist das eigene Handeln und mögliche Aktionen des Gegenübers ganz gut einzuschätzen, kennt die eigene Position und hat eine realistische Erwartung dazu, ob eine Drohung sich verwirklichen kann oder ins Leere geht.

Das macht mich vielleicht kompromissloser und »mutiger«, wie es damals in Kommentaren oft hieß. Ich bin Teil des politischen Systems, aber ich will mich nicht mit seinen Schattenseiten abfinden, sondern sie bekämpfen – quasi von der Spitze aus. Ich sehe mich als Aufdecker des Systems im System. Das schafft natürlich Feinde.

Mit dem damaligen Justizminister Wolfgang Brandstetter (ÖVP), der ja mitunter als Verteidiger, Lobbyist oder Berater tätig ist, unter anderem für den Immobilienunternehmer Michael Tojner, aber auch für den Ex-Bundeskanzler Werner Faymann in der sogenannten Inseratenaffäre, hatte ich während meiner Zeit als Minister eigentlich ein sehr gutes Verhältnis. Er war immer freundlich, sehr zuvorkommend, nett. Die meisten, die ihn so wie ich darüber hinaus nicht näher kannten, attestieren ihm das Image eines Teddybären. Seitdem ich aber Wolfgang Brandstetter auch als Kontrahenten kennenlernen durfte, würde ich ihn zumindest als Wolf im Schafspelz beschreiben.

Im Zusammenhang mit der Betrugsanzeige gegen Michael Tojner rund um gemeinnützige Wohnbauträger des Burgenlands (die Hintergründe dazu erzähle ich ab S. 141), etwa zwei Wochen vor meiner ersten Angelobung als Landeshauptmann, machte er mir ein eigentlich unverschämtes Angebot. Es war in einem Landgasthaus in Niederösterreich; ich war gerade unterwegs nach Deutschland und machte für die Unterredung mit ihm dort Halt. Er beschrieb Michael Tojner als genialen Geschäftsmann, gutmütig, überaus klug, noch dazu würden sich ihre Familien schon länger kennen. Er formulierte sanftmütig und freundschaftlich, als ob die allmächtige Güte in Person des Wolfgang Brandstetter erschienen wäre, sinngemäß in etwa so: »Wir wollen doch nicht streiten, Tojner gibt dem Land Burgenland vier Millionen Euro als Abgeltung und ›Morgengabe‹ zu deinem Amtsbeginn, das ist doch schon am Beginn ein schöner Erfolg, und das Verfahren wird nicht bei der Wirtschafts- und Korruptionsstaatsanwaltschaft, sondern in Eisenstadt abgehandelt. Du willst doch gar nicht streiten, und übrigens du weißt schon, dass du als Landeshauptmann keine Immunität besitzt, es kann das eine das andere ergeben, eine Anzeige folgt der anderen und wer weiß, was dabei herauskommt.«

Was Wolfgang Brandstetter nicht wusste: Mit diesen Aussagen hatte er einen Knopf gedrückt. Ich blieb freundlich, verneinte höflich sein Angebot, verwies auf die Wirtschafts- und Korruptionsstaatsanwaltschaft und hatte es eilig wegzukommen, denn ich wollte doch nicht zu spät in Deutschland ankommen.

Für mich fasste ich den Entschluss, alles dafür zu tun, nicht nur die Machenschaften eines Michael Tojner, sondern auch die Rolle eines Wolfgang Brandstetter aufzudecken, wenn ein begründeter Verdacht besteht auch anzuzeigen und öffentlich zu machen. Mittlerweile wird auch Wolfgang Brandstetter von der Staatsanwaltschaft als Beschuldigter geführt, er ist nicht mehr Verfassungsrichter, und die Schadensumme im Fall Tojner beläuft sich auf einen erheblichen Millionenbetrag. Das Verfahren läuft noch und für beide gilt natürlich die Unschuldsvermutung. Das Gespräch mit Wolfgang Brandstetter beurteilte ich damals vielleicht noch etwas unbedarft als Verfehlung dieser Herrschaften. Heute, etwas reicher an Erfahrungen, sollte man, insbesondere bei Personen wie einem ehemaligen Justizminister und Verfassungsrichter, in größeren Zusammenhängen denken und sich auch eine Systemfrage stellen.

Die Konsequenz daraus bleibt die gleiche: Korruption, Verfehlungen und damit einhergehende Misswirtschaft müssen mit aller Konsequenz verfolgt, aufgedeckt und geahndet werden. Der Umgang mit der Justiz, der Wirtschafts- und Korruptionsstaatsanwaltschaft und die zu geringe personelle Ausstattung dieser ist unter diesem Aspekt mehr als fragwürdig, sodass sich mir die Frage aufdrängt: *Cui bono*? Wer hat einen Vorteil davon, dass Verfahren so lange dauern, Staatsanwälte mit Arbeit zugeschüttet werden und daher letzte Konsequenzen in der Aufarbeitung und Verfolgung möglicherweise verloren gehen? Wer es ändern könnte, weiß ich: die Politik, die Bundesregierung. Sie hat es jedoch in der Vergangenheit nicht gemacht, sie macht es gegenwärtig nicht und auch die nächste Bundesregierung wird es nicht machen.

Ich weiß nicht warum, aber in diesem Zusammenhang komme ich unweigerlich auf die Erfahrung und Begegnung mit informellen Eliten, Bünden und verborgenen Hierarchien zu sprechen. Zu ihnen wahre ich Distanz und verspüre in diesem Zusammenhang ein gewisses Unbehagen.

Es begann und endete mit einem Abendessen, fast schon versteckt und heimlich, in einer Wohnung in Wien. Wer mich dorthin eingeladen hat und wer Teil dieser kleinen Runde von vier Personen war, ist nicht relevant. Nur so viel: Es waren auch Parteifreunde dabei, die es wohl gut meinten. Sie wollten mich für die Sache und das Anliegen der Freimaurer begeistern und hofften, mich quasi einzuführen oder anzuwerben. Relativ schnell war klar, dass dieses Treffen nicht den von den Gastgebern gewünschten Ausgang nehmen würde.

Meine Distanz zum Projekt Freimaurer war unübersehbar. Nicht nur die Vorstellung, wenn möglich einmal wöchentlich nach Wien zu fahren und mich quasi in »Lehre« zu begeben, um meine Persönlichkeit zu entwickeln und an mir zu arbeiten, schreckte mich ab, sondern auch die unweigerlich damit einhergehende Dynamik einer wechselseitigen

Abhängigkeit, möglicherweise verbunden mit Erwartungen, Wünschen und Verpflichtungen, die ich aufgrund meiner persönlichen Haltung nicht bereit war zu erfüllen. Außerdem, was heißt »die Persönlichkeit entwickeln«? Bin ich etwa nicht reif genug? Warum sollen ausgerechnet diese Männer, die meistens in Spitzenpositionen sind, an ihrem Charakter arbeiten? Warum stehen die Freimaurer nicht dem Koch, dem Schlosser, dem Handwerker oder dem Krankenpfleger offen – warum wenden sie sich an Menschen mit Macht und Einfluss mit ihrem Angebot?

Vielleicht tue ich dem einen oder anderen Unrecht, wenn ich meine Beurteilung des Phänomens Freimaurer nicht im historischen Kontext betrachte, sondern im Hier und Jetzt. Am Ende geht es doch immer um das Eine: Macht und Einfluss erzeugen Geschäfte und Geld. Auch wenn Freimaurer die »Geschäftemaurerei« immer weit von sich weisen, führen derartig hierarchisch strukturierte und geheim organisierte Netzwerke zu Jobs, Posten und schlussendlich immer zu wirtschaftlichem Vorteil – so ist das eben.

Ich schildere diese Episode nicht, weil ich Verschwörungstheorien befeuern möchte, im Gegenteil. Ich habe einen ganz pragmatischen, nüchternen Blick auf die Freimaurerei. Der kanadische Soziologe Erving Goffman hat dafür ein sehr gutes Bild gefunden, um zu verstehen, wie informelle Netzwerke die Politik (und andere Bereiche unserer Gesellschaft) beeinflussen. Er spricht von »Front of House« und »Backstage«, der Vorder- und der Hinterbühne.

Für die Politik bedeutet das: Die Vorderbühne ist das medial vermittelte, sichtbare Geschehen, dazu zählen etwa Pressekonferenzen, Reden, Parteitage und in TV-Studios Gesagtes. Die Hinterbühne bilden die nicht medial öffentlichen Gremien der Partei, inoffizielle Gespräche und natürlich auch Netzwerktreffen mit ihren Ritualen.

Die FPÖ hat ihre Burschenschaften mit ihren Buden und starken, formalisierten Loyalitäten, in der ÖVP war lange Zeit der Österreichische Cartellverband (CV) ein machtvolles Netzwerk. In der SPÖ gibt es Jugendorganisationen, in denen eine Gruppe von Menschen über Jahre miteinander verbunden ist und das bildet, was man in der Politikwissenschaft einen »Kader« nennt.

Und dann gibt es eben auch die Freimaurer, die in der SPÖ durchaus einen Machtfaktor darstellen. Freimaurer treffen sich regelmäßig, wenn möglich einmal wöchentlich, das ist eine sehr hohe Frequenz. Der Informationsaustausch, die Vertrautheit, die Verbundenheit und das Gefühl von Gemeinsamkeit, in einem – geheimen – Bund beisammen zu sein, können mehr Loyalität erzeugen als beispielsweise die Mitgliedschaft zur SPÖ.

Meine Begegnung mit diesem Bund hat meine Sinne für das Thema geschärft und ich habe danach so manches, was in der SPÖ, darüber hinaus und aber auch in meinem engsten Umfeld passiert, besser verstehen können.

Ich respektiere jeden, der sich für die Verbesserung unserer Lebensbedingungen und unserer Gesellschaft engagiert. Ich lehne jedoch alles entschieden ab, wo im Verborgenen Entscheidungen vorbereitet werden und von nicht demokratisch legitimierten Institutionen getroffen werden, insofern sie das Gemeinwohl sowie öffentliches Handeln und Tun betreffen. Ich verstehe nicht, warum es so viele Menschen in Spitzenpositionen gibt, die so intensiv an der Entwicklung ihrer Persönlichkeit arbeiten müssen und trotzdem schon diese Positionen innehaben. Hoffentlich haben wir in Österreich nicht zu viele noch nicht entsprechend entwickelte Persönlichkeiten an den Schalthebeln der Macht; möge ihre Entwicklung zum Wohle unserer Heimat rasch voranschreiten.

Deshalb gibt es auch so wenige Frauen in Spitzenpositionen, wäre da eine Theorie, sind doch die Logen der Freimauer bis auf ein paar Feigenblätter als Ausnahme ausschließlich Männern vorbehalten. Ich kann dieser Theorie durchaus etwas abgewinnen.

Die Freimaurerei war eben in vielerlei Hinsicht nichts für mich.

6. Mai 2017
## Der Tag, als ich Julia traf

Es gibt berühmte erste Sätze. In meinem Fall lautete er: »Hier darf auch gelacht werden!« So sprach mich Julia auf einer Veranstaltung in Köln an. Ich hätte »nicht sonderlich amüsiert« dreingeschaut, meinte sie später, und trotzdem hat sie »meine Art auf einer emotionalen Ebene sofort in den Bann« gezogen. Wir kamen ins Gespräch, und als ich ihr erzählte, dass ich Verteidigungsminister von Österreich sei, hielt sie das anfänglich für einen Scherz. Wir unterhielten uns vier Stunden lang weiter. Ich wollte ihr meine Nummer geben, aber stattdessen speicherte sie ihre in meinem Handy ein. Später rief ich sie an, aber ohne Erfolg. Am nächsten Morgen schickte ich ihr eine SMS.

Drei Wochen später trafen wir uns bei einem Mehrkampf-Meeting in Götzis, danach folgten Treffen am Wochenende, meistens flog ich nach Köln zu ihr. So begann eine zweijährige Fernbeziehung. Im Mai 2019 zog Julia schließlich zu mir ins Burgenland. Eigentlich wollten wir am 30. Mai 2020 heiraten, aber die Pandemie kam uns dazwischen. So trauten wir uns am 12. August 2022.

Dass ich mich noch einmal verlieben kann, hat mich selbst überrascht. Ich hätte nicht gedacht, dass mir so etwas noch einmal passiert.

Ich gebe zu: Auch als Spitzenpolitiker bleibt mir wenig Zeit für meine Beziehung. Ich schreibe »auch«, weil meine erste Ehe ebenfalls in den Mühen des Alltags und wegen meiner vielen Aufgaben scheiterte. Damals arbeitete ich als Polizist, studierte nebenbei Jus, pendelte zwischen Wien und dem Burgenland, wir bauten ein Haus, bekamen zwei Kinder. Damit nicht genug, engagierte ich mich in zahlreichen Vereinen meines Heimatortes: im Fußballverein, beim Verschönerungsverein und bei der Freiwilligen Feuerwehr. Im Rückblick muss ich sagen: Ich war getrieben, vielleicht, weil ich aus einfachen Verhältnissen stamme und möglichst alles möglichst rasch erreichen wollte.

Jetzt versuchen Julia und ich, so viel Zeit wie möglich miteinander zu verbringen – auch bei offiziellen Terminen. Sie hat in Deutschland als Eventmanagerin gearbeitet, deswegen kann sie mein Arbeitspensum ansatzweise nachvollziehen, auch das Arbeiten an den Wochenenden oder abends schreckt sie nicht ab. »Für mich zählt die Zeit mit ihm, wenn ich ihn begleite. Das ist das Kostbarste«, hat sie einmal in einem Interview für das Magazin *News* gesagt. »Wir haben beschlossen, so viel Zeit wie möglich gemeinsam zu verbringen. Das geht nur, wenn ich mit ihm an einem Strang ziehe. Es macht mir Spaß, ihn zu begleiten. Zeit ist für mich das Wichtigste in dieser Beziehung, egal ob in der Öffentlichkeit oder im Privaten.« Ich könnte es nicht besser formulieren. Die Partnerin an der Seite eines Spitzenpolitikers zu sein, ist sicher eine Herausforderung, auch für ihre eigene berufliche Entwicklung. Egal, was sie macht, es wird im Zusammenhang mit meiner Position gesehen. Julia hat inzwischen eine Ausbildung als systemische Familientherapeutin gemacht und ist dabei, sich ein selbstständiges berufliches Standbein aufzubauen.

Für uns gilt jedenfalls das Sprichwort, dass sich Gegensätze anziehen. Julia, geboren am 26. März 1983, ist 13 Jahre jünger, und sie ist eine Schwäbin durch und durch. Geboren und aufgewachsen in Baden-Württemberg, im nicht einmal 4.000 Einwohner zählenden Dorf Ebnat bei Aalen – das in Österreich durchaus bekannt ist, weil Ralph Hasenhüttl, nunmehr beim VfL Wolfsburg, zwischen 2011 und 2013 den dortigen VfR gecoacht und in die zweite deutsche Liga geführt hat. Aus mir nicht nachvollziehbaren Gründen ist Julia ein Fan vom FC Bayern München, was mich als Aficionado von Borussia Dortmund besonders schmerzt.

Julia ist sehr sportlich und ernährungsbewusst. Sie war mehrfache baden-württembergische Meisterin im Kunstradfahren und fährt ausgezeichnet Hochrad. Wegen ihrer Nahrungsmittelunverträglichkeiten hat sie gesunde Ernährung zur »Lebensphilosophie« gemacht, die sie auch als Food-Bloggerin unter die Leute bringt. Julia backt selbst Brot, kocht viel vor und friert Portionen zum Aufwärmen ein. Morgens etwa macht sie mir gern ein Hafer-Porridge mit geriebenen Karotten und Äpfeln zum Mitnehmen ins Büro. Auch meine Garderobe ist, seit ich mit ihr zusammen bin, gewachsen. Ich bin grundsätzlich für Tipps offen. Nur meine engen Hosen und mein Haargel sind nicht verhandelbar. Es wird wohl niemanden überraschen, wenn ich schreibe, dass wir derzeit eine eher klassische Beziehung führen. Julia hält mir den Rücken frei und kümmert sich um den Haushalt. Das kann sich aber auch wieder ändern, wenn sie mehr arbeitet.

Julia ist extrovertiert, lässt nicht locker, hinterfragt alles – auch im Privaten. Nicht nur aufgrund ihrer Ausbildung als Familientherapeutin trägt sie Konflikte und Meinungsverschiedenheiten aus, indem sie darüber sprechen will. Dabei ist sie sehr beharrlich. Ich bin zu Hause eher der Gemütliche, der die Dinge auch gern mal sein lässt oder darauf hofft, dass sie sich von selbst lösen. Somit ergänzen wir uns gut. Wenn ich nach Hause in unsere Wohnung in Oberwart komme, dann kann ich richtig abschalten. Wir wohnen in einer rund 90 Quadratmeter großen Mietwohnung in Oberwart, die sie eingerichtet hat. Ich hätte da nicht so ein Händchen, habe ich mir sagen lassen. Mittlerweile mag ich auch die Buddha-Figuren.

Ausgerechnet am schicksalhaften SPÖ-Bundesparteitag in Linz im Frühsommer 2023 hatte Julia übrigens ihren Semesterabschluss. Sie nahm alles gelassen: »Es kommt im Leben immer so, wie es kommt. Auch wenn man den Sinn nicht immer gleich versteht, muss man gerade deswegen das Leben mit einer positiven Grundhaltung vorwärts leben, um es rückwärts besser zu verstehen«, sagte sie. Das ist eine gute Einstellung.

16. Mai 2017
# Der Tag, als ich Zeuge des Endes der Großen Koalition wurde

In meiner Zeit als Verteidigungsminister von Jänner 2016 bis Jahresende 2017 konnte ich auch eine der umstrittensten Phasen der österreichischen Politik in der Zweiten Republik aus nächster Nähe miterleben: den Aufstieg Sebastian Kurz' zum ÖVP-Chef und Kanzler. Soll ich es wirklich Aufstieg nennen? Denn im Grunde war es mehr ein erzwungener Machtwechsel, mit viel Sponsorengeld, Medienmacht und mutmaßlich gefälschten Umfragen, die womöglich mit Steuergeld finanziert wurden. Das ist der Verdacht, dem die Wirtschafts- und Korruptionsstaatsanwaltschaft nachgeht. Abschließend beurteilen wird sich das erst lassen, wenn die Ermittlungen abgeschlossen und die Gerichte das letzte Wort gesprochen haben.

Dass es in der Regierung »rumpelt«, hat sich bereits Monate vor dem eigentlichen Machtwechsel im Mai 2017 abgezeichnet. Der damals amtierende ÖVP-Obmann und Vizekanzler Reinhold Mitterlehner ist ja nicht über Nacht zurück- und Sebastian Kurz plötzlich ins Licht getreten. Davor gab es schon gewisse, sehr deutliche Dynamiken. Das merkt man als Regierungsmitglied etwa daran, dass ein inhaltlich vollkommen vernünftiges Projekt ohne stichhaltige Begründung vom ÖVP-geführten Finanzministerium blockiert wird. Und das sogar bei vergleichsweise banalen Anträgen wie Beschaffungen.

Ich wollte damals beispielsweise in meiner Rolle als Verteidigungsminister die Zuständigkeit des Ressorts beim

Katastrophenschutz weiterentwickeln. Historisch wäre das durchaus darstellbar gewesen. Interessenkonflikt zwischen den Ministerien gab es keinen. Zwar hat das Innenministerium die Kompetenz für den bundesweiten Katastrophenschutz, aber keine tatsächlichen Möglichkeiten. Die Polizei wird nicht im Katastrophenschutz eingesetzt. Das macht die Feuerwehr und das Bundesheer in einer Assistenzfunktion. Mir schien es deshalb vernünftig, das Heer mit einer Aufgabe im Inland zu versehen, es positiver im Bewusstsein der Bevölkerung zu verankern. Mir war es wichtig, dass überall verstanden wird, warum wir für diese Institution Steuergeld aufwenden.

Ich hatte mit Wolfgang Sobotka, damals ÖVP-Innenminister und somit mein Spiegelminister, an entsprechenden Gesetzen gearbeitet, sie ausformuliert, gut vorbereitet und akkordiert. Aber plötzlich kam der Cut, die Verhandlungen stockten. Zuerst habe ich nicht verstanden, warum unser Vorhaben blockiert wurde. Worum es in Wirklichkeit ging? Auf dem Rücken der Bundesregierung wurden parteiinterne Konflikte der ÖVP ausgetragen. Das stellte sich anlässlich eines Doppelinterviews von mir und Sobotka im *Kurier* Ende des Jahres 2016 heraus. Sobotka und ich plauderten und dann sagte er zu mir sinngemäß unter Verwendung eines nicht besonders vornehmen Schimpfwortes: »Der Mitterlehner muss weg.« Spätestens da bestand für mich kein Zweifel mehr, dass die innerparteiliche Stoßrichtung in der ÖVP darin bestand, den Vizekanzler und den Vorsitzenden zu beseitigen.

Natürlich gibt es in allen Parteien zu allen Zeiten Querelen und Kämpfe. Aber sich derartig hart und unverblümt zu äußern, war eine neue Qualität in der Politik. Das Gift und der Hass, mit dem diese Worte gesprochen wurden, waren abseits des normalen Umgangs in der politischen Auseinandersetzung, die man nicht einmal dem politischen Gegner angedeihen lassen würde, geschweige denn Mitgliedern der eigenen Mannschaft.

Es hat dann noch eine ganze Weile gedauert, bis der Machtwechsel vollzogen werden konnte. Dazu hat das Team Kurz das Instrument der Meinungsumfragen als Hebel verwendet. Mitterlehner dümpelte zu jener Zeit zwischen 19 und 21 Prozent herum. Und dann kam plötzlich Sebastian Kurz mit völlig anderen Persönlichkeitswerten. Kurz wurde hinaufgehoben, Mitterlehner runtergedrückt, und auf diese Weise wurde ein Momentum aufgebaut, das den Wechsel einleitete.

Ich habe noch Gespräche mit Mitgliedern der ÖVP und Äußerungen einiger Landeshauptleute in Erinnerung, die zeigen, dass damals durchaus nicht alle von dieser Entwicklung vollends begeistert waren – nicht einmal auf dem Höhepunkt von Sebastian Kurz' Macht. Ein ÖVP-Landeshauptmann meinte beispielsweise sinngemäß, die ganze Entwicklung sei ein Witz, er könne das nicht mehr aushalten. Egal, was man sage, es wäre sinnlos. Kurz würde alles entscheiden. Man könne sich mit keinem einzigen ÖVP-Minister etwas ausmachen, man müsse diese gar nicht fragen, sondern als allererstes Sebastian Kurz. Wenn dieser Ja sage, dann gehe alles in Ordnung.

Allerdings hat die Möglichkeit zu siegen, Erster zu sein, Kanzlerpartei zu sein, am Ende alle in der ÖVP geeint. Ein weiterer Hebel zum Machtwechsel war das Sponsoringkonzept der Kurz-Mannschaft. Und das ging so: Unternehmen wurden Veranstaltungen angeboten, Redner aus der Politik zur Verfügung gestellt, Sponsorengelder lukriert. Ich war selbst einmal eingeladen, vor einer solchen Runde zu sprechen und konnte sehen, wie sehr Sebastian Kurz dort angehimmelt wurde.

Die Leute derart zu begeistern, ist eine Fähigkeit, die man anerkennen muss. Das Vertrauen von honorigen, gestandenen

Geschäftsleuten zu gewinnen, ist keine Kleinigkeit. Auch gestandene Journalisten haben sich verzaubern lassen. Zwar haben sich manche über die Einflussnahmen von Gerald Fleischmann beschwert, Kurz' Pressemann, später dann Leiter der Stabsstelle Medien im Bundeskanzleramt und als »Mister Message Control« bekannt. Aber der überfreundliche Bundeskanzler, der den Presseleuten auch einmal den Kaffee serviert, hat dann doch sehr gefallen. Innerhalb der Regierung lukrierte der Bundeskanzler Sympathien, indem er die Ministerien mit immensen Budgets für die Öffentlichkeitsarbeit ausstattete. Das bewirkt natürlich auch eine entsprechende Abhängigkeit.

Es rumpelte zwischen SPÖ und ÖVP, aber auch die Nachwehen des SPÖ-Machtkampfes zwischen Werner Faymann und Christian Kern waren noch zu spüren. Ich war – im Rückblick muss ich das leider sagen – etwas unbedarft und habe mich auch instrumentalisieren lassen. Nachdem Faymann mich »erfunden« hatte, war es für mich auch logisch, dass ich zwei seiner nächsten Mitarbeiter übernahm, nachdem er abgetreten war: darunter den schon erwähnten Raphael Sternfeld, heute Kommunikationschef der Stadt Wien. Zu spät überriss ich leider, dass sie aus meinem Ministerkabinett heraus Faymanns Rivalen Christian Kern bekämpften. Ich habe mich bei Kern dafür dann auch entschuldigt. So takteten sie beispielsweise für mich ein Interview mit einer »Ansage« genau so ein, dass es Kerns Besuch bei der deutschen Kanzlerin Angela Merkel konterkarierte. Damals ging es darum, an der Grenze zu Tirol am Brenner das Bundesheer auffahren zu lassen, um die Grenze besser kontrollieren zu können. Das führte zu erheblichen Verstimmungen mit Tirol. Und Merkel fragte bei Kern nach, was denn bei uns los sei. Ich kannte Kerns Reisekalender nicht und war selbst in New York, weil ich meiner Tochter Konzertkarten für ein Bruce Springsteen-

Konzert geschenkt hatte, als Kern mich fuchsteufelswild anrief und wissen wollte, was ich mir dabei gedacht hatte. Gar nichts, leider. Das ist ein Beispiel dafür, dass es in der Spitzenpolitik leider allzu oft um persönliche Sticheleien und Revanchen geht statt um die gute Sache.

## 2018
# Das Jahr der Diagnose

Beim Schreiben dieser Zeilen sind meine Frau und ich wieder einmal auf dem Weg nach Leipzig in die Klinik zur Kontrolle. Es ist immer der gleiche Rhythmus: Ein paar erholsame Stunden am Wochenende, dann ist wieder Montag und früh am Morgen sind wir unterwegs zum Arzttermin – im Gepäck das stets wiederkehrende mulmige Gefühl.

Es war 2018 im März. Ein Behandlungsraum im Wiener AKH. Schon seit Längerem bemerke ich, dass ich mich ständig räuspern muss. Manchmal schiebe ich es auf den Wetterumschwung, dann wieder darauf, dass ich vielleicht am Vorabend zu lange geredet habe. Aber ich muss zugeben, dass das Unbehagen im Hals häufiger und intensiver wird. Es verändert sich zunehmend die Stimme und ich werde durchaus geringfügig kurzatmig. Nun also, hier in diesem Arztzimmer, kommt die Stunde der Wahrheit. Da wäre eine ungewöhnliche Veränderung im Bereich der Hinterseite des Kehlkopfs. Man könne nicht mit Sicherheit sagen, worum es sich genau handle, geschweige denn, wie eine Diagnose lauten könnte. Es müsse operiert werden, die Erklärung der Operationsmethode durch den Rachen hin zum Kehlkopf klinge drastischer, als sie ist.

Hatte ich Angst? Zunächst nicht. Denn ich hatte ja schon Operationen erlebt. Die erste war eine Mandel-OP als Kind, an die ich keine angenehme Erinnerung habe: ein hell gekachelter Operationssaal, grelles kaltes Licht, ein Operationsstuhl mit Manschetten für die Fixierung von Armen und Beinen. Ich werde dort festgeschnallt. Der Ätherkorb kommt.

»Du musst jetzt bis zehn zählen,« höre ich. Ich kann mich noch ziemlich genau erinnern. Gottseidank wird heutzutage so nicht mehr operiert.

Das ist nun lange her. In der Zwischenzeit bin ich erwachsen geworden und habe leider Gottes einige weitere Operationen durchgemacht. Auch diese waren nicht unbedingt angenehm, etwa die zwei Knieoperationen binnen zwei Wochen. Eine Sportverletzung machte die erste notwendig. Die Operationswunde begann innerlich wieder zu bluten, daher musste ich kurz darauf ein weiteres Mal unters Messer.

Somit hatte ich schon einiges an Erfahrung und brachte die Gelassenheit mit, mit der man Befürchtungen und Ängste im Zaum halten kann. Dazu kam die Gewissheit, dass man sich dem Unvermeidlichen stellen und mögliche Konsequenzen oder auch ungünstige Entwicklungen akzeptieren muss.

Aber nun eine Operation im Hals, das war dann doch eine andere Nummer. Der erste von schließlich insgesamt sieben (Stand 2024) Eingriffen ist noch relativ unspektakulär verlaufen und ich konnte das Krankenhaus relativ rasch – ich glaube, nach drei, vier Tagen – verlassen. Die zweite hatte es allerdings in sich, vor allem, weil ich nicht in vollem Umfang über die Details, insbesondere wie es mir unmittelbar nach der Operation gehen könnte, ins Bild gesetzt worden war. Und so kam es, dass die zweite Operation ein regelrechter Schock war.

Natürlich war ich im Vorfeld besorgt, was wohl passieren würde, wenn der Eingriff daneben geht. Aber ich habe mich selbst immer wieder aufgerafft, positiv zu bleiben und den Mut nicht zu verlieren. Denn der Kehlkopf ist schon grundsätzlich eine komplexe Angelegenheit. Viele Nervenstränge laufen hier zusammen. Er liegt ganz nah an der Halswirbelsäule. Diese Situation erhöht von vornherein das Operationsrisiko.

Außerdem ist der Kehlkopf ein Knorpelgebilde, das auch leicht instabil werden kann, schnippelt man an ihm herum. In meinem Fall handelt es sich um ein sich verknöcherndes Gewächs im hinteren Bereich des Kehlkopfes, das mitunter langsam vor sich hin gedeiht, ab und zu auch innehält, aber grundsätzlich nicht das macht, was ich will. Somit ist die Fähigkeit, die Stimmbänder zu schließen, beeinträchtigt. Wodurch die Stimme eben anders klingt und bei entsprechender Fülle mir auch die Luft zum Atmen nimmt.

Da die erste Operation nicht den gewünschten Erfolg brachte, musste ich neuerlich operiert werden. Diesmal war die Situation kritischer als beim ersten Mal, da ich schon ziemlich mit Atemnot zu kämpfen hatte. Daher kam es, wie es kommen musste: der erste Luftröhrenschnitt meines Lebens. Eine künstliche Öffnung der Luftröhre im unteren Halsbereich, die das Atmen während und nach der Operation ermöglichte. Über eine Woche musste ich mit dieser Methode des Luftholens zurechtkommen. Was das bedeutet und wie es sich tatsächlich anfühlt, darauf war ich nicht vorbereitet. Die ersten beiden Tage waren der Horror. Ich konnte nicht sprechen und musste durch das Tracheostoma atmen, das die Luftmenge und den Rhythmus vorgibt. Ich hatte ständig das Gefühl, zu ersticken und konnte nichts dagegen machen. Das war sicher auch keine leichte Situation für Julia, die ständig bei mir im Krankenhaus war und versuchte, mich zu beruhigen. Ich weiß nicht mehr, wie oft ich auf einen Zettel schrieb: »Ich ersticke!!!«

Beim ersten Kontrolltermin nach dieser Operation wurde ich unvermittelt damit konfrontiert, dass es am besten wäre, den Kehlkopf zu entfernen. Das gewohnte Sprechen wäre damit vorbei und ich würde mich um einen neuen Job umsehen müssen.

Diese Nachricht traf mich sehr. Es fiel mir schwer, damit umzugehen wie in früheren schwierigen Situationen: nämlich akzeptieren, positiv denken, neu orientieren. In solchen Momenten ist für mich, obwohl ich viele Entscheidungen im Leben mit mir selbst ausgemacht habe, ein Rückhalt im familiären Umfeld wichtig. Nur gemeinsam und ganz besonders mit meiner Frau war es möglich, mich zu sortieren, neu zu orientieren und eine andere Perspektive zu finden.

Neue Hoffnung und eine positive Einstellung fand ich in Leipzig, in der Person des Arztes Andreas Dietz. Zu ihm hat sich mittlerweile ein auf Basis eines Grundvertrauens ausgesprochen freundschaftliches Verhältnis entwickelt. Für mich ist er eine medizinische Koryphäe mit der Fähigkeit, das Notwendige mit dem Möglichen genau abzuwägen und sein Vorgehen auch so zu vermitteln, dass es für den Patienten, in diesem Fall mich, leichter ist, es anzunehmen und zu entscheiden.

Denn jede Operation in meiner Situation ist eine Abwägung zwischen Risiken, Interessen und Zielen, die einen nicht dazu verleiten dürfen, die Gesundheit unterzuordnen. Für meine dritte Operation wechselte ich somit nach Leipzig. Damit musste ich mich auch an eine neue Operationsmethode gewöhnen. Die OP wurde nicht so wie zuvor durch den Rachen durchgeführt, nein, der Kehlkopf wurde von vorn geöffnet, um besser in dessen Inneres vordringen zu können. Ein Luftröhrenschnitt gehört zu diesem Eingriff natürlich unweigerlich dazu.

Mittlerweile habe ich die siebte Operation absolviert, gleiches Problem, gleiche Operationsmethode.

Einmal, ich glaube, es war die vierte Operation, wurde es für mich sogar ziemlich dramatisch. Es war im Dezember 2020, als mir das Schlucken und Atmen immer schwerer fiel. Ich wusste zwar, was das bedeutete, was ich nicht wusste, war, dass sich im Kehlkopf zu allen Problemen hinzu noch ein Abszess gebildet hatte, der sich mit rasender Geschwindigkeit vergrößerte und mir die Luft zum Atmen nahm, sodass ich fast nicht mehr schlucken konnte. War das Weihnachtsessen mit meinen Kindern noch möglich, war ein paar Tage später das Schlucken so eine Qual, dass ich nicht einmal mehr trinken konnte. Wie das Atmen funktionierte, will ich gar nicht beschreiben. Es war klar, dass ich die Feiertage nicht abwarten konnte. Ein Telefonat mit Andreas Dietz, schon saß ich im Auto, fuhr am 31. Dezember nach Leipzig und lag drei Stunden vor Jahreswechsel mit Luftröhrenschnitt und Nasensonde im Zimmer. Eine grenzwertige Aktion, aber man kann auch sagen: Glück gehabt. Und die Operation ist ja schlussendlich auch gelungen.

Nach den Operationen ist immer Training für die Stimmbänder angesagt. Ich musste jede Woche zur Logopädie. Mittlerweile übe ich seltener und bin mit meiner Stimme, wie sie jetzt klingt, zufrieden. Vor allem wenn ich bedenke, dass man mir 2018 in Aussicht gestellt hatte, dass ich mir einen anderen Job suchen sollte. Dieser Kampf gegen das scheinbar Unvermeidliche hat mich an eine Szene aus meiner Schulzeit erinnert. Mein Deutschlehrer hatte mir attestiert, dass ich niemals ein Studium schaffen würde. Das hatte meinen Widerstandsgeist erst richtig angestachelt und mich motiviert.

Auch wenn meine Erkrankung mit dem Rauchen nichts zu tun hat, habe ich meiner Zigarettenlust abgeschworen. Ich war ein passionierter Genussraucher und es fiel mir sehr schwer aufzuhören. Bis heute. Ich vermisse diesen Kick, wenn man in der Früh aufsteht, sich einen Kaffee macht und die erste Zigarette raucht. Ich habe erst bei der Polizei angefangen zu rauchen, nicht schon als Teenager wie so viele andere. Zwei Packungen Zigaretten pro Tag waren in meinen Dienstjahren bei der Polizei keine Ausnahme – und das über Jahre hinweg. Die Trafik war gleich neben dem Wachzimmer, wie praktisch. Ich bin froh, dass ich es geschafft habe, von meiner

Nikotinsucht wegzukommen. Aber die Erinnerung an den Geschmack, an den Geruch, an den kleinen Kick, den einem eine Zigarette geben kann, bleibt. Die Sehnsucht auch.

Mittlerweile haben sich bei mir hinsichtlich meiner Stimme eine gewisse Gelassenheit und ein Gewöhnungseffekt eingestellt. Es wird weitere Operationen geben, sie sind Teil meines Lebens. Ich habe gelernt, damit umzugehen, ebenso meine Frau und meine Familie. Und die Menschen im Burgenland. Ja, ich bin beeinträchtigt. Aber ich bin nicht der einzige auf der Welt, der mit einem Defizit, einer Beeinträchtigung, einer Behinderung umgehen muss. Vielen geht es viel schlechter. Aber wir alle müssen das Beste aus dem machen, was uns mitgegeben wird.

Natürlich werde ich immer wieder darauf angesprochen, wie herausfordernd und schwierig es denn sein muss, als Politiker mit dieser Stimme zu leben und wann und ob es denn endlich besser wird. Nicht immer ist erkennbar, ob diese Fragen mitfühlend gemeint sind oder ob dabei mitschwingt, ich solle besser die politische Bühne verlassen. Auch Michael Ludwig hat mein Stimmproblem einmal angesprochen – da war seine Intention sofort klar. Aber ich antworte immer gleichermaßen: »So wie die Stimme ist, so ist sie, man muss sein Schicksal akzeptieren.« Mein Freund Kurt Kuch starb mit 42 Jahren an Lungenkrebs, hätte er mit meiner Erkrankung tauschen können, wäre es für ihn wohl wie ein Lottosechser gewesen.

Im Frühling, als ich dieses Buch gerade fertig schrieb, hatte ich bei einer Veranstaltung in Mattersburg eine besondere Begegnung. Ich kämpfte noch mit dem nicht vollständig zugewachsenen Luftröhrenschnitt. Ein Gast sprach mich an und fragte mich, warum ich mich denn so oft operieren lasse und der Kehlkopf nicht entfernt würde. Er habe keinen Kehlkopf mehr und könne ausgezeichnet mit einer Stimmmembran sprechen. Ich war überrascht und irgendwie positiv konsterniert, denn ich hatte am Beginn des Gesprächs nichts davon bemerkt. Ich werde mich mit ihm sicher treffen, und insgeheim jubelte ich: Auch wenn der Kehlkopf irgendwann vielleicht raus muss, bedeutet das nicht das Ende als Politiker. Das sei den politischen Gegnern gesagt – und ganz besonders manchem lieben Parteigenossen, Freundschaft!

8. September 2018
# Der Tag, als ich den Mindestlohn einforderte

Den Entschluss, den Mindestlohn im Burgenland einzuführen, habe ich für mich persönlich gefasst. Durch Analyse und Beurteilung der wichtigsten Anliegen der Menschen bin ich zur Überzeugung gelangt, dass das Thema Mindestlohn nicht nur ein persönliches Anliegen sein darf, sondern sozialdemokratisch angegangen werden muss. Ohne mit Funktionären vorab darüber zu diskutieren, habe ich den Plan das erste Mal vorgestellt, als ich zum Landesparteiobmann gewählt worden bin.

Damals, am 8. September 2018, habe ich beim Landesparteitag einige Punkte auf den Tisch gelegt und diese Marschrichtung argumentiert. Ich habe diese Vorgehensweise bewusst gewählt. Denn wenn man zuerst ein Projekt in den Gremien präsentiert und diskutiert, verpufft es allzu oft. Schreit ein Thema nach zeitnaher Umsetzung, sollte das besser nicht geschehen. Aber auch diese von mir beschlossene Strategie war nicht ohne Risiko.

Wäre ich bei den Funktionären nicht durchgekommen, hätte ich den ersten Bauchfleck kassiert. Heute ist jeder burgenländische Sozialdemokrat ein glühender Verfechter des Mindestlohnes – Funktionäre, Parteimitglieder, Gewerkschafter, auch auf Bundesebene. Obwohl die Gewerkschaft zunächst wenig begeistert war.

Wer mich näher kannte, wusste schon länger, dass das Thema Mindestlohn für mich zentral ist – neben Gesundheit, Pflege und natürlich ausgeglichenen Finanzen. Ich habe es immer wieder anklingen lassen, auch in meiner Zeit als Verteidigungsminister. 2016 in einem Interview mit dem *Kurier* forderte ich, dass sich die SPÖ beim Thema Mindestlohn und Flexibilisierung stärker einbringen muss. Der damalige SPÖ-Chef Christian Kern forderte Anfang 2017 sogar ganz offiziell einen Mindestlohn von 1.500 Euro brutto, was ihm beim seinerzeitigen Koalitionspartner ÖVP genauso viel Ablehnung einbrachte wie bei den Gewerkschaften.

Als ich am 28. Februar 2019 das Amt des Landeshauptmannes von Hans Niessl übernahm, habe ich die Durchsetzung des Mindestlohnes, die Anstellung pflegender Angehöriger, den Gratiskindergarten und den Ausbau der biologischen Landwirtschaft zur Bedingung für die Weiterführung der Koalition mit der FPÖ gemacht. Die Durchsetzung dieser Projekte war für mich auch der Anspruch für die Landtagswahl im Jänner 2020. Ohne positive Bilanz gehe ich in keinen Wahlkampf. Ich wollte den Bürgern keine Versprechen machen, sondern sie über die bereits in Angriff genommenen Projekte abstimmen lassen. Nur so konnte ich das Vertrauen der Menschen gewinnen.

Im Jahr 2020 ist der Mindestlohn von 1.700 Euro netto in der burgenländischen Landesverwaltung und 2021 bei allen Betrieben in der Landesholding umgesetzt worden. In der KRAGES, der Burgenländischen Krankenanstalten-Gesellschaft, hat eine Küchenkraft bis zur Einführung des Mindestlohnes 1.200 Euro netto verdient. Das konnten wir ändern. Auch in den Gemeinden wurde der Mindestlohn durch eine gesetzliche Ermächtigung auf den Weg gebracht. In rund 140 von insgesamt 171 Gemeinden im Burgenland wird inzwischen der Mindestlohn bezahlt, darunter sind auch etliche ÖVP-geführte Gemeinden.

Aber dabei blieb es nicht. Auch in der Privatwirtschaft beginnt unser Weg Nachahmer zu finden. So gilt der Mindestlohn inzwischen beispielsweise auch für die Berufsgruppe der Rauchfangkehrer, die Kehrordnung wurde novelliert und die Gebühren angepasst. Auch in den vom Land geführten Tourismusbetrieben, die dem Wettbewerb ausgesetzt sind und am freien Markt reüssieren müssen, wurde der Mindestlohn eingeführt. Pflegende Angehörige erhalten bereits den Mindestlohn. Seit dem 1. Juli 2022 gilt er in den landeseigenen Pflegeheimen. Seit 1. Jänner 2024 wird er in allen Heimen, die mit Tagsätzen aus öffentlicher Hand finanziert werden, auf freiwilliger Basis ausbezahlt; ab 1. Jänner 2025 gilt der Mindestlohn als verpflichtend für den Erhalt von Tagsätzen des Landes.

Das burgenländische Modell des Mindestlohns stößt in anderen EU-Mitgliedsländern und bei den europäischen Institutionen in Brüssel auf großes Interesse und findet vielerorts Empfehlungen zur Nachahmung. Umso unverständlicher ist es, dass es andere in der SPÖ gibt, die genug Möglichkeiten hätten, den Mindestlohn einzuführen, davon aber nichts wissen wollen. Ich halte das für eine Fehlentwicklung einer politischen Partei mit sozialem Anspruch.

Leider sind auch Persönlichkeiten an der Gewerkschaftsspitze, ÖGB-Chef Wolfgang Katzian und Rainer Wimmer, bis 2023 Vorsitzender der Fraktion Sozialdemokratischer Gewerkschafter, immer noch gegen den Mindestlohn. Rainer Wimmer, auch früherer Bundesvorsitzender der Produktionsgewerkschaft und Nationalratsabgeordneter, hat als Spitzengewerkschafter in den letzten zwei Jahren – Jahre der massiven Teuerung – Lohnerhöhungen ausgehandelt, die von fünf Prozent bis zu zehn Prozent reichen. Eine Mindestlohnbezieherin bekam über diese zwei Jahre keine 300 Euro brutto mehr; ein Spitzengewerkschafter mit Nationalratsbezug erhielt aber eine Erhöhung von bis zu 2.500 Euro brutto über diesen Zeitraum. Das ist keine solidarische Lösung, die jene mit niedrigem Haushaltseinkommen (vor allem in der Pflege und im Tourismus) unterstützt. Ist das nicht pharisäerhaft? Ich könnte als Gewerkschaftsvertreter nicht mehr in den Spiegel schauen. Wir haben im Burgenland im Jahr 2023 jedem Mitarbeiter im Landesdienst einen Fixbetrag von 300 Euro brutto mehr zugestanden, der Reinigungskraft wie dem Landesamtsdirektor. Das entspricht einer Gehaltserhöhung von fast 15 Prozent, wenn man einen Mindestlohn bezieht, und drei bis vier Prozent, wenn man ein Höchstgehalt bezieht. Die Erhöhung ist sozial gestaffelt; sie unterstützt Mindestlohnbezieher, und der Hofrat muss auch nicht darben. Für das Jahr 2024 haben wir ein ähnliches Modell gewählt.

Unser Modell kostet uns insgesamt auch nicht mehr. Wir haben im durch den Bundesabschluss vorgegebenen Rahmen nur die Schwerpunkte anders gesetzt. Der burgenländische Mindestlohn erhöht sich dadurch übrigens von 1.700 Euro netto im Jahr 2020 auf knapp 2.280 Euro netto im Jahr 2024.

Ich muss zugeben: Ich verstehe die Irritationen bis hin zur offenen Ablehnung des Mindestlohns bis heute nicht. Die Etablierung eines Mindestlohns muss eigentlich als Teil der sozialdemokratischen DNA gesehen werden. In dieser Sache sollten weder Karrierekalkül noch persönliche Interessen einzelner Funktionäre eine Rolle spielen. Ich kann den Leuten bei politischen Veranstaltungen doch nicht erzählen, dass sich Leistung lohnen muss, wenn ich weiß, dass sich im Publikum viele befinden, die täglich im Beruf ihre Leistung erbringen, aber trotzdem zu wenig verdienen, um davon ordentlich leben zu können. Ein Politiker, der das nicht auf dem Schirm hat, der dafür kein Verständnis und Feingefühl hat, ist unglaubwürdig.

Ich kann nachvollziehen, dass vor allem die Gewerkschaften ungern das Recht, Kollektivverträge zu verhandeln, aus der Hand geben wollen. Aber ein Mindestlohn ersetzt ja nicht die Kollektivverträge, er legt nur einen Mindeststandard fest. Eigentlich sollte es keine Kollektivverträge mehr geben, die unter 2.000 Euro netto bei Vollzeit (Stand Anfang 2024) liegen. Vielleicht stören sich manche Gewerkschafter daran, dass meine Forderungen sie an diese unerhörte Tatsache erinnern. In keinem Kollektivvertrag soll der Mindestlohn unter 2.000 Euro brutto liegen, das ist ihre aktuelle Forderung. Das finde ich zu wenig.

11. November 2019
# Der Tag, als wir die Anstellung pflegender Angehöriger im Burgenland verwirklichten

Die Realität des Pflegesystems erlebte ich an einem Beispiel in meinem eigenen Bekanntenkreis. Ein Ehepaar, beide pflegebedürftig, lebt in einer Pflegeeinrichtung. Sie bewohnen keine gemeinsame Einheit, sondern sind in Doppelzimmern auf verschiedenen Stockwerken untergebracht. Von den jeweiligen Zimmerkollegen sind sie durch eine Kasten-Flucht in der Mitte des Raums separiert, um wenigstens ein wenig Privatsphäre zu ermöglichen. Sollen so etwa die letzten Jahre von pflegebedürftigen Menschen aussehen?

Als ich im November 2019 das neue burgenländische Pflegemodell vorstellte, betraten wir Neuland. Aber ich möchte möglichst allen Menschen, die zu Hause gepflegt werden möchten, dies auch ermöglichen. Dafür können sich die betreuenden Angehörigen beim Land anstellen lassen. Ab Pflegestufe drei erhalten sie dann eine 20-Stunden-Beschäftigung, bei Pflegestufe 4 eine 30-Stunden-Beschäftigung und bei Pflegestufe 5 eine 40-Stunden-Beschäftigung zum landeseigenen Mindestlohn. Die Erarbeitung dieses Anstellungsmodells für betreuende Angehörige wurde von Beginn an wissenschaftlich begleitet, und die Erkenntnisse daraus sind die Basis für die kommenden Änderungen. Mit Jahresanfang 2024 haben wir das Modell für Personen, die zwar kein Verwandtschafts-, aber ein Vertrauensverhältnis zur pflegebedürftigen Person haben, geöffnet. Diese Erweiterung ermöglicht es beispielsweise Nachbarn oder engen Freunden, in das Anstellungsmodell einzusteigen. Die zu betreuende Person muss jedenfalls damit einverstanden sein.

Mittlerweile wird unser Modell weit über die Grenzen des Burgenlands hinaus beobachtet und diskutiert – nicht nur in anderen Bundesländern, sondern auch etwa in Deutschland.

Ich habe mich intensiv mit dem Thema Pflege beschäftigt und, wie beim zweiten großen Thema der Sozialpolitik, der Gesundheit, muss man tief in die Finanzierungsmechanismen eindringen, um zu verstehen, wo man mit Reformen ansetzen kann. Mit dem altbekannten Reflex, den die meisten Politiker haben – »Mehr Budget, wir brauchen mehr Budget!« – kommt man nicht weiter. Denn denkt man diesen simplen Gedanken weiter, kommt man zu einem ebenso simplen Ergebnis: Dann müssen wir die Steuern erhöhen. Dass das in Zeiten wie diesen nicht mehr geht, ist mittlerweile wohl allen klar.

Was die Pflegefinanzierung angeht, leben wir derzeit in einem Provisorium. Seit der Pflegeregress abgeschafft wurde, haben wir uns jedes Jahr mit sogenannten 15a-Vereinbarungen beholfen. Das sind in der Verfassung vorgesehene Verträge zwischen dem Bund und den neun Bundesländern, in denen die Zuschüsse vom Bund an die Länder geregelt werden. Das ist ein wichtiges Element des Föderalismus, aber es sorgt auch dafür, dass die Steuerung und Kontrolle schwierig sind. Diese Pflege-15a-Vereinbarungen wurden und werden Jahr für Jahr verlängert. Dieser beklagenswerte Zustand verlangt nach einer Gesamtreform der Pflege, die auf jeder politischen Agenda sehr weit oben stehen sollte.

Der Pflegeregress – jahrelang zuvor ein heißes politisches Eisen – sah vor, dass auf das Vermögen von Personen, die sich in stationären Pflegeeinrichtungen befinden, sowie auf jenes ihrer Angehörigen und Erben zugegriffen werden kann, um die Pflegekosten zu decken. Bei der Abschaffung des Pflegeregresses wurden den Ländern 100 Millionen Euro als

Kompensation durch den Bund in Aussicht gestellt. Es blieben offene Fragen. Erstens: Gibt es ein Pflegekonzept? Antwort: Nein. Zweitens: Woher kommen die 100 Millionen? Antwort: Es wird einen Fonds geben. Wie dieser genau gespeist wird, blieb ebenfalls offen. An dieser Situation hat auch die »Pflegereform« der türkis-grünen Regierung nichts geändert.

Im Kontext der Pflegefinanzierung ist auch der privatwirtschaftliche Aspekt nicht zu unterschätzen: Pflege ist vielerorts ein Geschäftsmodell für private Unternehmer. Mit dem Leid betagter Menschen sollen Gewinne gemacht werden. Potente Investoren drängen in diesen sozialen Sektor, um satte Profite abzuschöpfen. Wie das konkret funktioniert, lässt sich am Beispiel eines burgenländischen Pflegeheims darstellen: Beim betreffenden Pflegeheim hatten wir Probleme mit dem Umbau und den entsprechenden Bewilligungen. Ein genauerer Blick ergab, dass der private Betreiber, den wir für den Eigentümer gehalten hatten, die Liegenschaft an einen deutschen Fonds verkauft hat, wodurch zwei Millionen Euro lukriert wurden. Der deutsche Fonds hatte einen Zinsendienst zur Bedingung gemacht und dadurch mit einer Rendite von sechs Prozent gerechnet. In Zeiten der Niedrigzinspolitik, wie wir sie nun schon seit Längerem erleben, ist das natürlich eine tolle Investition. Der deutsche Fonds kann seinen Anlegern mit einer garantierten Rendite von sechs Prozent ein großartiges Angebot machen. Auf meine Nachfrage, was denn der Verkäufer mache, wenn der Anleger sein Kapital zurückverlangt, wurde erklärt, dass das kein Problem wäre, weil die Auszahlung vom nächsten Fonds übernommen werde. Die dahinterliegende Finanzierung läuft allerdings über Tagsätze, die das Land dem Pflegeheim zum Betrieb und Erhaltung der Einrichtung zahlt. Das bedeutet in letzter Konsequenz, dass Steuergelder eingesetzt werden, um dem deutschen Fonds sechs Prozent Rendite zu garantieren.

Derlei Verrücktheiten sind keine Einzelfälle. Auch in Österreich hat der Anteil der privaten Betreiber zugenommen, aber es sind immer noch 50 Prozent der Pflegeheime in öffentlicher Hand und weitere 30 Prozent unter Kontrolle gemeinnütziger, nicht profitorientierter Institutionen. Das Burgenland hat als einziges Bundesland das verpflichtende Prinzip der Gemeinnützigkeit gesetzlich verankert, wenn es um öffentlich finanzierte Pflege geht.

Es ist grundsätzlich kein Problem, dass private Unternehmer oder Genossenschaften Pflegeheime errichten und betreiben. Und es ist nichts dagegen zu sagen, dass Tagsätze für Betrieb und Refinanzierung gezahlt werden. Allerdings muss das unter dem Gesichtspunkt der Gemeinnützigkeit laufen, denn das Geld für die Pflege gehört auch wieder in die Pflege investiert und nicht in Anlagemodelle. Eine mögliche Lösung im geschilderten Fall wäre, diese Liegenschaften ins Eigentum des Landes zu stellen, das ja schließlich auch dafür aufkommt.

Hinzu kommt: Welches Finanzierungskonzept man sich auch immer ausdenkt, ohne neues Personal wird es nicht gehen. Allein in Österreichs Spitälern und Einrichtungen fehlen derzeit 2.200 Pflegekräfte. Die Realität zeigt eindeutig auf, dass der Alltag der Pflege ohne 24-Stunden-Kräfte nicht funktioniert. Diese Pflegekräfte kamen und kommen mehrheitlich aus den Ländern Osteuropas.

Die Bezahlung und die Arbeitsbedingungen in der Pflege sind eine große Belastung. Österreich tut gut daran, sich zu überlegen, wie man diese Tätigkeit attraktiver gestalten kann. Denn irgendwann werden die Kräfte aus dem Osten auch im Osten bleiben, da die Arbeitsbedingungen in diesen Ländern immer besser werden. Auch wenn dort das österreichische Lohnniveau nicht erreicht wird, fällt dann die Work-Life-Balance für die Betreffenden eventuell zugunsten des Verbleibs im Heimatland trotz niedrigerem Lohnniveau aus.

In der Gastronomie ist dieser Effekt bereits zu bemerken. Die Ungarn, die in der österreichischen Gastronomie tätig sind, kommen heutzutage in viel geringerer Zahl, weil sich die Gastronomie in ihrem Heimatland quantitativ und qualitativ entwickelt hat und somit der Anreiz, in einem anderen Land zu arbeiten, sinkt. Im Handwerk kann man Ähnliches beobachten. Angesichts solcher Entwicklungen müssen sich die Politiker tief in die Augen schauen und sich die Frage stellen, wie das kompensiert werden soll. Und wenn nicht, wohin das wohl führt.

Eine Strategie, die unmittelbar positiv wirken kann, ist die Verbesserung und Neu-Strukturierung der mobilen Pflege. Ein aktueller Bericht des Rechnungshofs führt klar und deutlich aus, wie die in der mobilen Pflege aufgewendete Arbeitszeit verteilt ist. Bei rund 1.750 Stunden Jahresarbeitszeit einer Vollzeitbeschäftigung verbringt die mobile Pflegekraft lediglich 50 Prozent beim und am Patienten. Die restliche Zeit geht für Fahrten und Administration drauf. Dem Mitarbeiter kann man hier keinen Vorwurf machen, aber natürlich wünscht man sich bei dem ganzen Aufwand mehr Dienst am Menschen.

Eine Wurzel des Problems ist – wie so oft – das dahinterliegende Verrechnungssystem. Es wird nach Stundensätzen abgerechnet. Eine diplomierte Pflegekraft in der mobilen Hauskrankenpflege verrechnet einen Stundensatz von bis zu 100 Euro. Die zu pflegende Person hat einen Selbstbehalt von etwas über 25 Euro. Die Differenz zahlt die öffentliche Hand. Wenn man die Gesamtrechnung anstellt und letztlich feststellt, was in der Woche, im Monat, im Jahr tatsächlich gearbeitet und im Verhältnis dazu verdient wird, sieht man, dass hier niemand auf einen grünen Zweig kommt. Die Kosten für Mobilität und Administration sind viel zu hoch und nicht argumentierbar. Dieses System passt nicht.

Daher wollen wir im Burgenland ein anderes System schaffen. Eines mit kleinen, dezentralen Einheiten und kurzen Wegen. Im Ergebnis wird es in einem ersten Schritt von Nord bis Süd 71 neue Pflegestützpunkte geben. Aber das ist erst der erste Schritt der Reform. In einer nächsten Etappe wollen wir dieses Angebot auf alle 171 Gemeinden des Landes ausweiten. Und das ist sicher nicht die letzte Etappe auf dem Weg zu einer Vorzeigeregion im Pflegebereich. Das Stundensatzmodell wird abgeschafft. Es soll in Vollzeit und vor dem Hintergrund der Mindestlohn-Regelung gearbeitet werden. Hinterfragen wir Struktur und System und etablieren wir diese neue Organisation, werden wir erstens eine engmaschigere Versorgung der Pflegebedürftigen erreichen und außerdem nicht das fordern müssen, nach dem alle Politiker mit schöner Regelmäßigkeit rufen: mehr Budget. Wir schaffen ein neues System mit dem vorhandenen Budget, ein System, in dem die Beschäftigten ordentlich bezahlt werden.

Genauso verhält es sich mit der Gesundheit. Wie in der Pflege steht auch beim Thema medizinische Versorgung am Anfang immer die Frage der Finanzierung. Die türkis-grüne Regierung hat eine große Gesundheitsreform angekündigt, am Ende jedoch nur an ein paar Schräubchen gedreht und vor allem die Macht der Ärztekammer etwas eingeschränkt. Das fiel ihr leicht, weil diese Standesvertretung sich im Jahr 2023 in internen Streitigkeiten zerfleischt und darüber ihre Lobbyingkraft eingebüßt hatte. Am Ende der angeblichen türkis-grünen Gesundheitsreform steht wieder keine Neuordnung der Finanzierung, sondern sie hat sich wie bei der Pflege im Föderalismus verloren. Und vor allem gibt es auch kein Ende der Zweiklassenmedizin, die sich in Österreich – auch wenn es regierende Gesundheitspolitiker regelmäßig abstreiten – natürlich längst verfestigt hat.

Deshalb stelle ich die – zugegeben auch für meine Partei unangenehme – Frage, warum es niemand, auch die SPÖ nicht, in Angriff genommen hat, an diesem System etwas zu ändern. Die Gelegenheit dazu hätte es wahrlich gegeben, denn die SPÖ hatte lange das Gesundheitsministerium inne. Leider haben die jeweiligen SPÖ-Funktionäre die Problematik in ihrer Gesamtheit wohl nicht erkannt – oder sie haben sie erkannt, aber weiter geduldet, weil sie mehr im Sinne der vielen Gesundheitsfunktionäre als dem der Bevölkerung gedacht haben.

Ende Jänner 2024 etwa war ich in Graz bei einem Arzt und saß im Warteraum. Eine Frau sprach mich an und erzählte mir ihre Geschichte. Ihr Vater bräuchte eine Herzklappe, aber bekäme in Graz keinen Termin für eine Operation; er müsse jetzt nach Klagenfurt ausweichen. Ich war perplex. In der zweitgrößten Stadt Österreichs mit einer Uniklinik funktioniert die Versorgung nicht? So etwas darf nicht passieren. Aber solche Geschichten hört man leider oft.

Der Weg zu einem neuen, besseren Gesundheitssystem und der entsprechenden Finanzierung ist lang und beschwerlich. Dennoch muss man ihn einschlagen. Am Anfang steht die Frage: Was brauchen wir wirklich? Gehen wir in die Vogelperspektive: Wir werden erkennen, dass sich die Bundesländer im Wettbewerb um die immer weniger werdenden Ärzte befinden. Diesen Ärztemangel haben wir selbst produziert und geduldet. Bundesländer und zum Teil sogar Gemeinden kämpfen darum, Hausarztstellen besetzen zu können. Es werden allerlei Angebote gemacht, Bonifikationen ausgerufen. Der betreffende Mediziner hat die Wahl, wo er sich mit seiner Ordination niederlässt.

Die Empörung über die Zweiklassenmedizin ist nachvollziehbar. Nur hat sie offenbar, wenn man einen Blick in die Geschichte der österreichischen Gesundheitspolitik wirft, wenig bewirkt. Auch nicht zu Zeiten, als das Gesundheitsministerium in sozialdemokratischer Hand war. Es hätte ausreichend Gelegenheit bestanden, das System grundlegend umzugestalten. Das ist nicht geschehen.

Wie anders es gehen kann, hat mir ein Primar in Leipzig erklärt. Dieser hat danach gefragt, wie das österreichische System aussieht, ob Spitalsärzte dort auch eine Ordination jenseits des Spitals führen. Er erklärte, er brauche keine Ordination. Der Träger der Einrichtung rechnet im Hintergrund die Leistungen selbstverständlich ab. Aber darum müsse er sich überhaupt nicht kümmern. Er kümmere sich um Patienten, egal ob Bauer oder Politiker. Das Spital, eine Einrichtung der öffentlichen Hand, bezahle ihn mit einem ordentlichen Gehalt. Dafür stehe er von Montag bis Freitag im Spital. Auch Behandlungen und Beratungen, die in Österreich tendenziell in Ordinationen stattfinden, würden einfach im Spital erledigt.

Dazu kommt: Bundesländer, die über Universitätsstandorte verfügen, sind in einer besseren Situation, weil eine Ausbildungsstätte für Ärzte attraktiv ist. Wer dort studiert, bleibt auch gern. Die westlichen Bundesländer, in denen der Wintertourismus ein Wirtschaftsfaktor ist, haben eine bessere Finanzierungssituation im Medizinbereich, weil die Behandlung der ausländischen Gäste ebenfalls ein Wirtschaftsfaktor ist. Die Gastpatienten aus dem Ausland füllen hier eine budgetäre Lücke.

Das Fazit für das Burgenland lautet: Keine Universität und kaum Gastpatienten ergeben eine schlechtere Finanzierung. In der Praxis heißt das, dass der Bevölkerungsanteil des Burgenlands zwar bei 3,5 Prozent liegt, es aber aus den Budgettöpfen des Bundes und der Österreichischen Gesundheitskasse nur 2,2 Prozent der Mittel erhält. Die Differenz wird den Töpfen der anderen Bundesländer zugeschlagen, die unsere Patienten mitbehandeln. Das bedeutet für Wien ein Budgetplus von 6,6 Prozent. Der Überhang allein ist schon dreimal so hoch wie die burgenländische Basisfinanzierung. Unter dieser Voraussetzung müssen wir im Burgenland kreativ werden, um die Basisversorgung zu sichern. Das Potenzial liegt hier in der Neugestaltung der Struktur. Abteilungen einfach zu schließen oder weniger Leistung anzubieten kann nicht unsere Antwort sein, zumal sich eine solche Vorgangsweise unmittelbar auf die Qualität auswirkt.

Meine Antwort wundert an dieser Stelle wohl niemanden: Wir müssen das System ändern. Das ist ein großer Kraftakt und auch ein großes Wagnis. Um aber in die Lage zu kommen, ein gutes Angebot im Gesundheitsbereich im Burgenland zu stellen, ist ein solcher Schritt der richtige. Es soll in Zukunft nicht mehr nötig sein, dass unsere burgenländischen Patienten in andere Bundesländer gehen müssen, um klassische Eingriffe machen zu lassen. Häufige Eingriffe wie eine gute Hüft-OP sollen künftig im Burgenland in hoher Qualität angeboten werden.

Der Steuerzahler finanziert das Uni-System und erwartet zu Recht, dass damit Ärzte ausgebildet werden, von deren Kompetenzen und Leistungen er in der Zukunft profitiert. Zugangsbeschränkungen für Ausländer bringen an dieser Stelle gar nichts, denn oft werden die deutschen »Numerus-Clausus-Flüchtlinge« in die Diskussion gebracht. Wer in Deutschland keinen perfekten Notendurchschnitt bei der Matura, beziehungsweise dem Abitur, wie es beim Nachbarn heißt, erreicht, bekommt keine Zulassung zum Medizinstudium an einer deutschen Universität. Daher kommen viele für ihre Ausbildung nach Österreich. Das nun zu verteufeln, halte ich für den falschen Weg. Die Lösung ist ganz simpel: Wer in Österreich ausgebildet wird, geht mit der Inskription an einer österreichischen Universität einen »Ausbildungsvertrag« ein. Das bedeutet, dass er oder sie nach Abschluss der Ausbildung auch eine gewisse Zeit in Österreich arbeiten muss.

Es gibt genug Gegenstimmen, die sich entrüsten und ein solches System ganz und gar ablehnen. Die offizielle Begründung lautet, dass es dafür keine gesetzliche Grundlage gäbe. Den Gegenbeweis findet man in der Realität. So gibt es einige Unternehmen, die ihre Spitzenkräfte nach einem derartigen Schema ausbilden. Das Österreichische Bundesheer etwa wendet dieses System auf die Ausbildung der Hubschrauberpiloten an. Wenn diese gesetzliche Möglichkeit geschaffen würde, hätten wir über Nacht keinen Ärztemangel mehr. Der Wettbewerb um die fertig ausgebildeten Ärzte wäre über Nacht beendet. Stattdessen hätten wir wieder einen Konkurrenzkampf der Studenten um die Ausbildungsplätze und der Absolventen um die Kassen- und Facharztstellen.

Während auf Bundesebene nicht versucht wird, dieses mangelhafte System zu verbessern, gibt es Schritte, die man auf regionaler Ebene umsetzen kann: Das Burgenland verfügt bereits über fünf Kliniken (Barmherzige Brüder in Eisenstadt, Landesspitäler in Oberwart, Oberpullendorf, Güssing und Kittsee). Statt dem Standort Kittsee entsteht im nordburgenländischen Gols eine neue Klinik. In Oberwart haben wir bereits ein neues Spital errichtet. Das Besondere daran und wohl im österreichweiten Vergleich einzigartig ist, dass wir im Zeitplan und unter dem Kostenlimit geblieben sind. Zudem ist es bezahlt, also kein Darlehen, kein Leasing, kein Kredit diesbezüglich ist offen. Weiters gibt es knapp 600 niedergelassene Ärzte, zehn Amtsarztstellen, sieben Zentren für seelische Gesundheit (eines pro Bezirk), zwei mobile Palliativteams, ein heilpädagogisches Zentrum, zwölf beim Land angestellte Wundmanager und ein Labor.

Der Mangel an medizinischer Ausbildung wurde in einem ersten Schritt dadurch geheilt, dass wir pro Jahr 55 Stipendien durch eine Förderaktion für Medizin-Studierende an eine Privatuniversität vergeben haben. Dieses Modell werden wir ab Herbst 2024 durch eine ähnliche Stipendien-Aktion für Studierende an den staatlichen Med-Unis ersetzen und gleichzeitig den Startschuss für die Schaffung einer Medizinuniversität im Burgenland geben. Nur wenn wir unser Schicksal selbst in der Hand haben, können wir es auch bestimmen. Neben den Schulen für Gesundheits- und Krankenpflege in Oberwart und Eisenstadt hat das Land einen Bachelorstudiengang für Gesundheits- und Krankenpflege (an der Fachhochschule Burgenland am Standort Pinkafeld) sowie einen für Gesundheitsmanagement und Gesundheitsförderung eingerichtet. Auch die Hebammenausbildung wurde dem Bologna-System angepasst und funktioniert ebenfalls als Bachelorstudium.

Deshalb wäre für mich der essentielle Schritt zur Verbesserung der Gesamtsituation eine Umstrukturierung der Finanzierungsmechanismen der Österreichischen Gesundheitskasse (ÖGK). Ein Landarzt im Burgenland etwa hat einen anderen Kassenvertrag als ein Arzt in Wien oder Niederösterreich. Auch haben zum Beispiel Psychotherapeuten im Burgenland schlechtere Kassenkonditionen als überall sonst. Es muss aus Landesmitteln zugeschossen werden, damit diese Fachleute nicht abwandern. Aber das ist noch lange nicht alles. Das Land muss die Spitäler mitfinanzieren und bei der Förderung der Landärzte einspringen, wenn diese eine Praxis übernehmen. Da die Politik diese Strukturen geschaffen hat, liegt es auch an der Politik, diese zu verändern.

Deshalb lautet mein Fazit: Wir brauchen keine Österreichische Gesundheitskasse, wir brauchen diese Moloche mit Hundertschaften von Funktionären nicht. Wir haben einen Steuertopf, in den die Steuern und Abgaben der Arbeitnehmer und Arbeitgeber fließen. Wir haben Sozialversicherungsbeiträge, die vollkommen ausreichen, um ein funktionierendes System zu etablieren und auszubauen. Warum etwas kompliziert machen, das so einfach sein kann? Nur weil man in der Romantik der Unabhängigkeit und Selbstständigkeit der Gesundheitskasse lebt und glaubt, der Proporz ist das Allheilmittel. Es würde vollkommen reichen, wenn die zur Verfügung stehenden Mittel gebündelt den Ländern für die Gesundheitsversorgung überantwortet werden. Ich kann für das Burgenland sagen: Wir hätten ein funktionierendes Gesundheitssystem.

*26. Jänner 2020*
# Der Tag, als die SPÖ die absolute Mehrheit im Burgenland zurückholte

Es gibt diesen Moment, in dem man realisiert, dass man es geschafft, gewonnen, gesiegt hat. Für mich war das am Wahlabend der Landtagswahlen am 26. Jänner 2020 um kurz nach 23:00 Uhr der Fall, auf der Autobahntankstelle Guntramsdorf.

Ich bin ein »Tankstellenfetischist«. Ich mag das Flair, die verschiedenen Reisenden zu sehen, die Autos mit den internationalen Länderkennzeichen, alle sind sie versammelt an einem Ort. Sie tanken, rauchen, trinken Kaffee, jeder hat ein eigenes Ziel, ein eigenes Leben. Das fasziniert mich. Hätte meine Frau Julia es gewollt, hätte ich sie an einer Tankstelle geheiratet. Guntramsdorf im Süden Wiens ist einer meiner Standardstopps auf dem Weg aus der Bundeshauptstadt nach Eisenstadt oder Richtung zu Hause. Dass die Landtagswahlen besser als erwartet ausgehen würden, ahnten wir in der Partei schon im Laufe des Nachmittags, als die ersten Ergebnisse aus jenen Gemeinden eintrudelten, in denen die Wahllokale schon mittags geschlossen hatten. Davor war ich selbst wählen, habe mein Satzerl in die Kameras gesagt, bin dann in die Bezirksorganisation der Partei in Oberwart gefahren und dann weiter nach Eisenstadt. So ein Wahltag hat sein eigenes, immer gleiches Ritual, auch das mag ich. Dort empfingen mich schon Blasmusik und noch mehr Kameras. Abends musste ich dann noch in die »Zeit im Bild 2«; ich wollte keinen Live-Einstieg aus Eisenstadt machen, also fuhr ich nach Wien, gab mein Interview und auf dem Weg zurück, bei der Tankstelle in Guntramsdorf, da fiel der ganze Stress des Tages von mir ab und es gab Platz für das Gefühl: Wir haben es hingekriegt.

Im Nachhinein ist man immer klüger, aber ein Schlüssel zum Erfolg war sicher, konkrete Ankündigungen zu machen und die auch tatsächlich umzusetzen. »Nicht nur reden, sondern tun«, »Umsetzen statt versprechen«, das sind unsere Slogans. »Herr Landeshauptmann, Ihre politische Ideologie, in einem Satz?«, fragte mich der *Falter* einmal. »Ich würde es burgenländischen Pragmatismus nennen«, antwortete ich.

Konkret angepackte Maßnahmen waren folgende: ein Mindestlohn für alle Landesbediensteten. Die Möglichkeit, sich bei einer Landestochter als »pflegender Angehöriger« anstellen zu lassen. Ein ähnliches Anstellungsmodell für Pflegeeltern – auch für jene, die unbegleitete minderjährige Geflüchtete betreuen. Gratiskindergärten vor- und nachmittags – und die beste Betreuungsquote in ganz Österreich bei den Unter-Dreijährigen. Ein Sozialmarkt in jeder Bezirkshauptstadt für ärmere Menschen, Biowende und Direktvermarktung für Bauern. Der Kampf für eine neue Form des sozialen Wohnbaus und ein Aus für gewinnorientierte, private Betreiber von Pflege- und Krankenanstalten. Ausstieg aus Öl und Gas bis 2030. Energieautarkie, Kampf gegen die Zweiklassenmedizin und vieles mehr. Die Liste ist lang und wird auch noch länger werden.

Die Zukunft zu gestalten und die Grundlagen dafür in der Gegenwart zu schaffen, das ist die primäre Aufgabe der Politik. Eine Partei hat die Aufgabe, die Themen der Zukunft in der Gegenwart zu formulieren und zu vertreten. Das Zeitalter der Dauerkrisen ist angebrochen: Der Krieg Russlands gegen die Ukraine, die Energiekrise, die Inflationsbekämpfung und der Klimaschutz verlangen nach raschen, aber auch nachhaltigen Antworten und politischen Entscheidungen. Das setzt Bereitschaft dazu und Einigkeit an der Spitze der SPÖ voraus.

Wirtschaft, Arbeit und Soziales müssen als Ganzes betrachtet werden, wie kommunizierende Gefäße. Vor dem Hintergrund der Klimasituation, der Energiekrise, der Ressourcenknappheit, der bisher praktizierten Lebensmittelpolitik und der Probleme im Gesundheits- und Pflegesystem stellt sich die Frage der raschen Anpassung an neue Bedürfnisse und Gegebenheiten sowie der Finanzierung. Ich bin für eine gerechte Verteilung von Vermögen mit der Vorgabe, dass sich Leistung lohnen muss. Der Staat muss hier seine Hausaufgaben machen, denn das Steuersystem ist nicht gesteuert. Um diese ungeregelte Situation zu beheben, müssen alle Fakten ehrlich und schonungslos auf den Tisch gelegt werden. Erst dann wird man das Umverteilungspotenzial beurteilen können. Derzeit sind wir im Blindflug unterwegs, was die Auseinanderentwicklung von Wirtschaftswachstum und Einkommen angeht. Einzelne Aspekte wie etwa die Erbschaftssteuer sollte man nicht isoliert diskutieren und beurteilen, auch wenn das gern, oft und öffentlichkeitswirksam gemacht wird. Wir haben uns vielmehr mit der Gesamtentwicklung der Einkommensniveaus zu beschäftigen.

Eine weitere Leistungsanforderung an den Staat ist aus meiner Sicht die Entbürokratisierung. Vorschriften, Kontrollen und die Institutionen, die sie verfassen und ganze Kohorten von Verwaltungsmitarbeitern beschäftigen, sind für viele nicht nachvollziehbar und behindern das wirtschaftliche Fortkommen. Ich habe großes Verständnis für Kleinunternehmer, die sich über langwierige Betriebsbewilligungen beklagen. Hier muss geprüft werden, welche Möglichkeiten es gibt, die Abläufe effizienter, schneller und besser zu machen. In diesem Bereich muss dem Einzelnen mehr Freiheit zugestanden werden.

Zu meinem Verständnis eines sozialdemokratischen Politikers gehört auch die Überzeugung, dass es Leistung geben muss. »Work-Life-Balance« ist für mich das Unwort des Jahres, wenn nicht sogar des Jahrzehnts. Man muss den Menschen reinen Wein einschenken: Ohne Leistung geht nichts. Man darf den Menschen nichts vormachen und ein Schlaraffenland in Aussicht stellen, das es niemals geben kann. Zu dieser Haltung gehört auch meine Ablehnung der heutzutage oft geforderten und populären Arbeitszeitverkürzung. Wie soll das in der Wirtschaft funktionieren? Ein Unternehmer, der eine allgemeine Arbeitszeitverkürzung vorgegeben bekommt, muss Schichten reduzieren und verliert an Produktivität. Die Löhne bleiben aber gleich. Wie unter diesen Voraussetzungen ein positives Ergebnis zustande kommen soll, möge man mir bitte vorrechnen. Auch die Arbeitgeber sind gefordert. Sich jetzt zurückzulehnen und zu sagen, uns fehlen die billigen Arbeitskräfte, wäre ebenfalls eine zu bequeme Haltung. Im Übrigen eine, die in der Realität nicht zum Erfolg führen wird.

Gerechte Löhne und Wertschätzung gegenüber den Arbeitnehmern sind Teil des Leistungsprinzips. Gerecht heißt in meinen Augen, dass man von dem, was man verdient, gut leben kann – ohne auf Almosen und Hilfen angewiesen zu sein. Ganz klassisch-sozialdemokratisch gesprochen, soll der Lohn das Selbstbewusstsein stärken. Ich denke dabei oft an das Selbstverständnis meiner Eltern in meiner Kindheit zurück. Ich weiß, dass man das Rad der Geschichte nicht zurückdrehen kann, aber ein starker Lohn muss die Basis für ein gutes Leben sein.

## 29. Mai 2020
# Der Tag, als die »Task Force Neusiedler See« gegründet wurde

Als Kind bin ich nie in den Urlaub gefahren. Geld war knapp, aber es gab noch einen anderen Grund: Meine Eltern konnten, wie viele ihrer Generation, nicht gut schwimmen. Das eine oder andere Mal fuhren wir schon zum Neusiedler See oder zum damaligen Märchenpark bei St. Margarethen. Das waren Tagesausflüge und doch etwas ganz Besonderes. Es war anders als zu Hause im Südburgenland, das Flair, die Gerüche des Sees, als ob man in ein anderes Land fahren würde. Das Highlight war sicher jedes Mal die obligatorische Bootsfahrt am Neusiedler See. Die Sommer zu Hause verbrachte ich mit Freunden sehr oft am Neustifter Badesee, eine Institution in unserer Region. Ein Elternteil von uns musste dann immer als Begleitperson herhalten.

Als ich im Sommer 2022, in dem eine Hitzewelle die nächste jagte, am Ufer des Neusiedler Sees entlang ging, lagen die Anzeichen einer globalen Klimakrise direkt vor meiner Nase. Der See, das Herz des Burgenlands, das Meer der Wiener, verlor an Wasser. Er hatte den niedrigsten Wasserstand seit Jahrzehnten. »Na und?«, sagten die, die alles nicht so ernst nehmen. Er sei halt ein Steppensee und außerdem schon einmal für längere Zeit komplett ausgetrocknet gewesen. Stimmt, aber zu dem Zeitpunkt war die Situation eine vollkommen andere. Im Jahr 2024 schaut es zwar danach aus, als hätte sich der Wasserstand des Sees erholt, aber das ist keine Garantie dafür, dass es sich 2025 nicht wieder ganz anders verhält. Wir haben eine globale Klimasituation, die das Burgenland nicht verschont. Im Gegenteil, aufgrund der klimatischen Bedingungen ist eine Region wie das Nordburgenland als eine der ersten von den klimatischen Extremen betroffen. Allerdings verfügen wir über mehr Expertenwissen denn je und sind daher sicher: Von allein werden sich Probleme nicht lösen. Wir müssen uns hier und heute damit beschäftigen, dass ein wertvolles Ökosystem bedroht und ein europaweit einzigartiges Vogelschutzgebiet in Gefahr ist. Ein touristischer Hotspot droht seine Attraktivität zu verlieren. Aber was tun? Einfach Wasser nachschütten? Ja schon. Aber welches? Und wie? Kurz nachdem ich die absolute Mehrheit bei den Landtagswahlen 2020 zurückgewinnen konnte, gründete ich die »Task Force Neusiedler See«. Hinter diesem markigen Namen verbirgt sich eine Expertengruppe, angeführt von unseren für Wasserwirtschaft zuständigen Landesbeamten, die das Schicksal des Sees permanent im Auge haben.

Flaches Land, Wind, Steppe, grüne sanfte Hügel, große landwirtschaftliche Flächen, kleine bäuerliche Gehöfte – auf knapp 4.000 Quadratkilometern, also auf relativ knappem Raum, hat das Burgenland viele verschiedene Erscheinungsbilder und Umweltbedingungen. Einige davon sind absolute Unikate, wie etwa der Neusiedler See. Dieser See liegt in der »Pannonischen Florenprovinz« wie eine Badewanne. Er wird nicht vom Grundwasser gespeist, sondern hat zum einen einen Zufluss aus der Wulka, ist aber vor allem auf Regen angewiesen. Sein einziger Abfluss ist ein künstlich angelegter Kanal. Seine Pflanzen- und Vogelwelt ist einzigartig und seit vielen Jahren unter dem Namen Fertö-Neusiedler See geschütztes UNESCO-Welterbe.

Im Burgenland spüren wir die Auswirkungen der Erderwärmung früher als im Rest des Landes. Wir müssen Pioniere sein. Vorweg: Einen »normalen« Wasserstand gab es im See eigentlich nie. Sein Auf und Ab in Abhängigkeit von den Niederschlagsmengen und den Trockenheitsphasen bestimmen ihn, und damit leben die Seewinkler seit jeher. Im statistischen Mittel ist der See zwischen 60 und 70 Zentimeter tief, beziehungsweise flach. An seiner tiefsten Stelle misst er 1,80 Meter. Die übliche Pegelschwankung liegt zwischen 60 und 80 Zentimetern. Eine absolute Tiefe des Sees lässt sich auch aufgrund der Unebenheit seines Bodens nicht bestimmen. Auch der Windschub spielt eine große Rolle. Je nachdem, woher der Wind weht, gibt es auf der Gegenseite einen bis zu 25 Zentimeter höheren Pegel. Das erwähnte statistische Mittel ist eben nur statistisch.

Nach einem Tiefststand im Jahr 2003 brauchte der See drei Jahre, um sich wieder zu erholen. Seit 2020 stellen wir allerdings ein kontinuierliches Sinken des Wasserstands fest. Nach der Hitzeperiode des Sommers 2022 haben wir einen neuen Negativrekord erreicht, nämlich einen Zentimeter weniger als im Jahr 2003. In den Jahren 2023 und 2024 verbesserte sich die Lage wieder.

Die Konsequenzen des fortschreitenden Wasserschwunds und einer möglichen Austrocknung brauchen wir uns nicht schönzureden. Die Menschen, die um den See herum wohnen, würden in einer Staubwüste leben, denn eine dicke Staubschicht wäre alles, was übrigbliebe, wenn nicht nur das Wasser verschwindet, sondern auch die Schlammbasis des Sees ihre Feuchtigkeit verliert. Im Norden bläst immer Wind. Es mag banal klingen, aber allein die Belastung, die aus dieser Kombination aus stetigem Wind und ungeheuren Mengen an Staub entsteht, wäre für die Seewinkler eigentlich unakzeptabel. Eine solche Umweltsituation könnte die Region nahezu unbewohnbar machen. Dass dies eine wirtschaftliche Katastrophe für die Region wäre, muss nicht extra betont werden, zumal die Touristen ausblieben und der Weinbau nicht mehr möglich wäre.

Die Bedürfnisse der Menschen, die rund um und vom See leben, sind wichtig. Naturschutz und Gewässeraufsicht formulieren die Bedürfnisse der Tier- und Pflanzenwelt, die nicht minder wichtig sind. Beide Aspekte hat die Politik zu berücksichtigen. Man muss mit dem See, einem geschlossenen System, sensibel umgehen. Wie erwähnt wird der See durch keinerlei Grundwasser gespeist, sondern aus der Wulka und weiteren geringgradigen Zuflüssen. Aber zu etwa 80 Prozent ist der Wasserstand von der Menge der Niederschläge abhängig.

Was den Neusiedler See von den meisten anderen Gewässern wesentlich unterscheidet, ist seine Trübung. Manche nennen ihn ein wenig despektierlich eine Schlammlacke. Aber dieser Schlamm hat eine wesentliche Funktion. Etwa verhindert er das Algenwachstum, weil das Sonnenlicht nicht auf den Boden dringen kann. Plant man also die Zufuhr von Wasser, was aus meiner Sicht angesichts des weniger werdenden oder sogar immer öfter gänzlich ausbleibenden Regens unumgänglich sein wird, muss diese Zuleitung mit viel Sorgfalt und Akribie vorbereitet werden.

Die in sich fein abgestimmte chemische Zusammensetzung des natürlichen Neusiedler See-Wassers und -Schlamms muss genau analysiert werden. Die geplanten Zuleitungen müssen unter Rücksichtnahme auf diese Verhältnisse aufbereitet werden, sodass diese erhalten bleiben können. Der Zufluss aus der Wulka bringt zwar einiges an Sediment mit, das der Neusiedler See-Chemie im Grunde entspricht. Betrachtet man aber die Relation der Wasserzufuhr aus der Wulka und den Niederschlägen (80 Prozent), ist klar, dass das künstlich zugeleitete Wasser chemisch adaptiert werden muss.

Die Wasserzufuhr aus der Moson-Donau, ein 122 Kilometer langer Fluss auf den Staatsgebieten Ungarns und der Slowakei, der bei Györ in die Donau mündet, hätte auch einiges an Menge und richtiger Chemie liefern können. Die Moson-Donau führt einiges an trübenden Substanzen mit, wiewohl sie wie die Wulka an ihrem Ursprung aus Grundwasser gespeist wird. Ich schreibe bewusst: hätte können. Denn aus heutiger Sicht ist die Idee, Wasser aus der Moson-Donau in den Neusiedler See zu spülen, bis auf Weiteres politisch nicht erwünscht und damit de facto gestorben. Ungarisches Wasser abgeben? In Zeiten des ungarischen Nationalismus ist das unmöglich.

Im Juli 2022 hatte ich dazu noch eine hoffnungsvolle Besprechung mit dem ungarischen Außenminister Szijjártó, danach noch zwei mit Innenminister Pinter. Die ungarischen Nachbarn haben im Grunde dieselbe Einschätzung der Lage und daher Interesse an gemeinsamen Maßnahmen signalisiert. Entschieden wird das natürlich nicht von den Regierungen der unmittelbar angrenzenden Komitate, sondern in Budapest, wo sämtliche Angelegenheiten Ungarns zentral geregelt werden. Im Rahmen des Treffens mit dem Außenminister wurde eine Absichtserklärung zur Zusammenarbeit bei den Themen Klima und Energie unterzeichnet. Es ging unter anderem um die geplante Wasserzuleitung aus der Moson-Donau in den Neusiedler See. Aktuell liegt die Kooperation auf Eis. Die unterzeichnete Absichtserklärung gilt nicht mehr, wurde mitgeteilt.

Es wird daher eine innerösterreichische Lösung ohne Beteiligung des Nachbarn geben müssen. Eine Grundsatzeinigung dazu zwischen dem Land Niederösterreich, Burgenland und dem Landwirtschaftsministerium gibt es bereits. Nun gilt es zu überlegen, wie man Wasser aus dem Donauufer-Filtrat zum See bringen kann. Das war bereits in den Jahren 2004 und 2005 nach dem Tiefststand von 2003 Thema. Zwei bis drei Kubikmeter pro Sekunde müssten Richtung See gepumpt werden. Entlang der Leitung sollten die Landwirtschaften Zugang zur Deckung ihres Wasserbedarfs haben.

Noch rascher müssen wir unser Grundwassermanagement reformieren. Wenn es um Wasser geht, ist der See bei Weitem nicht unser einziges Problem. Die Erhaltung der Natur und des Erholungsraums, den der See bietet, ist zwar ein großes Anliegen, die Versorgung mit Trink- und Nutzwasser ist aber nicht minder wichtig. Der Seewinkel hat große landwirtschaftliche Anbauflächen und viele private Brunnen. Viele davon weisen eine hohe Nitratbelastung auf, was nicht verwundert, wenn man bedenkt, wie viel Dünger auf die großen Felder ausgebracht wird. Im Nordburgenland sind die Nitratwerte im Grundwasser zum Teil so hoch, dass der Wasserleitungsverband Wasser zumischen muss, um die Werte zu senken. Das Problem zeigt sich deutlich, wenn man während der heißen, trockenen Zeiten über das Land fährt. Man sieht allerorts die Bewässerungsanlagen, in einer Dimension, wie man sie sonst nur aus amerikanischen Filmen kennt.

Der Wein, für den das Burgenland so berühmt ist, ist hingegen nur für einen sehr geringen Teil des Wasserverbrauchs verantwortlich. Die Tröpfchenbewässerung in den Weingärten liegt im einstelligen Prozentbereich. Bei Mais, Kartoffeln und Weizen fließen dagegen die Hektoliter nahezu ohne Unterbrechung. Die Anlagen laufen den ganzen Tag; die Kosten sind dramatisch. Dabei ist diese Art der Bewässerung nicht einmal besonders effektiv.

Bis zu einem gewissen Grad ist die Wasserproblematik hausgemacht. Die gesamte Wasserentnahme aus dem Grundwasserkörper ist grundsätzlich in einem Umfang von 21 Millionen Kubikmetern pro Jahr veranschlagt und bewilligt (Stand 2024). Man kann davon ausgehen, dass beträchtliche Mengen darüber hinaus entnommen werden. Das könnte durch Zähler kontrolliert werden.

Bevor wir zu neuen Erkenntnissen kommen, ist hinsichtlich dessen, was und für wen hier eigentlich angebaut wird, eine genaue Bilanz zu ziehen. Was wächst hier? Und was davon landet auf unseren Tellern? Bei Weitem nicht alles. Im Nordburgenland wird Mais angebaut, aber der wird kein burgenländisches, niederösterreichisches oder Wiener Abendessen. Es handelt sich um die Produktion von Saatgut, das die Firma Pioneer hier anbauen lässt und das mit burgenländischem Wasser versorgt wird. Geht man entlang dieser Felder, bekommt man nasse Waden, denn die Pflanzen, vor allem in der ersten Wachstumsphase, werden nahezu durchgehend in einem Sprühnebel gehalten. Ist der Mais reif, wird er geerntet und nach Amerika verschifft.

Auch wird im Nordburgenland hochqualitativer Weizen angebaut. Aus diesem wird allerdings kein Brot für das Frühstück im Burgenland gemacht, sondern er wird exportiert. Importiert wird hingegen Weizen minderer Qualität, der in die industrielle Verarbeitung geht.

Im Süd- und Mittelburgenland zeigt sich – immer noch – ein anderes Bild: Weder gibt es hier Wasserknappheit noch so groß dimensionierte Anbauflächen. Unser »Hochgebirge«, der angrenzende Wechsel, fungiert als Wetterscheide, jenseits welcher es – noch – keine Wasserknappheit gibt. Weder Mais noch Weizen werden bewässert. Die Grundwasserspiegel sind stabil.

Die Neuorientierung in der Landwirtschaft wird bis zu einem gewissen Grad ohne große Planung, sondern über eine Art selbstverständlicher Anpassung geschehen. Denn sobald der Grundwasserspiegel einmal unter ein bestimmtes Niveau sinkt, muss die weitere Entnahme verboten werden. Die Betroffenen werden nicht umhinkönnen, sich dem anzupassen.

Nur weil sich manches zwingend lösen wird, muss anderes trotzdem geplant werden. Etwa die Förderung regionaler Lebensmittelerzeugung. Diese wird von Umwelt-, Gesundheits- und Ernährungsexperten gleichermaßen gefordert. Will man die regionalen Ressourcen so einsetzen, dass die Menschen und die Umwelt etwas davon haben, müssen wir die dazugehörigen Ressourcen-Fragen aufs Tapet bringen.

Über neue Möglichkeiten des Anbaus wird nicht nur nachgedacht. Viele einzelne Initiativen sind schon seit Längerem dabei und schreiten zur Tat. Ein Beispiel für derartige Pionierarbeit ist das Projekt Olivia.bio in Mörbisch. 2017 erwarben die Olivenfreunde Sabine Haider und Franz Günther tausend Quadratmeter Land auf einer Anhöhe mit atemberaubendem Seeblick. Keiner von beiden kam aus der Landwirtschaft oder hatte eine einschlägige Ausbildung. Die private Faszination für den schönen Baum und seine Früchte gab den Ausschlag für ihr Engagement. Mörbisch schien der ideale Ort für die genügsame Pflanze, die mit wenig Wasser auskommt, viel Sonne und gelegentliche Temperatur-Kapriolen gut verträgt. Die Bedürfnisse des Olivenbaums und die klimatischen Bedingungen im Burgenland schienen passend. Zuvor war das Stück Land ein Weingarten, dessen Lage nicht die vom Winzer gewünschte Traubenqualität brachte. Die Weinstöcke wurden gerodet, und die Olivenfreunde brachten die ersten Bäumchen, 59 an der Zahl, aus Norditalien und pflanzten sie im ehemaligen Weingarten mit Seeblick.

Die ersten Bäume hatten es nicht leicht in Österreich. Der Winter mit Temperaturen von minus fünfzehn Grad hat ihnen arg zugesetzt, aber sie haben überlebt. Die Anzahl der Bäume liegt aktuell bei 500. Die ersten Mörbischer Oliven hängen schon zwischen den silbrigen Blättern, allerdings in sehr geringen Mengen. Die wenigen werden sorgsam eingelegt, zuerst in Wasser, um die Bitterstoffe zu entziehen, anschließend in Salzlake, um sie mürbe und würzig zu machen. Für die Ölerzeugung reichen die Mengen jedoch bei Weitem noch nicht.

Die »Generation Klima« in der Landwirtschaft versucht sich auch an anderen nicht-heimischen Pflanzen, so könnte der Anbau von Erdnüssen, Aloe vera oder Kichererbsen interessant werden. Beim Wein werden Rebsorten aus südlicheren Regionen schon länger kultiviert. Die Landwirte der Zukunft denken schon heute über neue wassersparende und klimaadäquate Produkte nach. Nicht nur darüber, was angebaut wird, sondern auch zu welchen klimatischen Nebenkosten. Die Funktion der allgegenwärtigen Dieselaggregate muss von Photovoltaik-Aggregaten übernommen werden.

Die Landwirtschaft wird bereits heute mit diversen Förderinstrumenten unterstützt. Man denke nur an die Beiträge von Land und Bund für die Hagelschadenversicherung der Landwirte. Das Burgenland unterstützt seine Landwirte in diesem Punkt mit insgesamt nahezu sieben Millionen Euro jährlich. Jeder Nicht-Landwirt könnte sich wundern und fragen, warum die öffentliche Hand nicht auch einen Beitrag zu seinen Versicherungsprämien leistet. Es gibt keine Alternative zu einer äußerst pragmatischen Vorgehensweise, denn die Umstellung von Produkten und Produktionsweisen dauert einige Jahre. Hier brauchen die Landwirte die Unterstützung der öffentlichen Hand. Die Landwirte in der Umstellungsphase allein zu lassen, wäre zum Schaden der gesamten Bevölkerung.

Wenn man sich fragt, wann bei der Unterstützung durch die öffentliche Hand das Ende der Fahnenstange erreicht ist, muss deutlich gesagt werden, dass eine Erhöhung des gesamten Fördervolumens nicht mehr in Aussicht gestellt werden kann. Der Förderpool muss in sich umgeschichtet und punktgenau eingesetzt werden. Mit einer Förderstrategie werden Grundsatzentscheidungen getroffen, zum Beispiel für oder eben gegen die konventionelle Landwirtschaft. Das Burgenland geht hier den Weg Richtung biologischem Anbau, während etwa Niederösterreich ein Paradevertreter der konventionellen Landwirtschaft ist. Haltungen in so wesentlichen

Fragen wie der Bewirtschaftung des Landes und der Herstellung gesunder regionaler Lebensmittel sind gelegentlich wenig nachvollziehbar und haben oft weniger mit der Sache selbst als mit politischem Kalkül zu tun. Ein guter Beleg dafür sind Stimmen aus der SPÖ Steiermark gegen die Verfassungsbeschwerde des Burgenlands zur Vollspaltenbodenhaltung von Schweinen. Dabei war sie mit dem Verein gegen Tierfabriken abgestimmt und findet breite Zustimmung in der Gesellschaft.

Es ist notwendig, dort die Stimme zu erheben, wo Gesetze gemacht und überprüft werden. Es ist mindestens ebenso notwendig, das konkret Machbare zu tun. So hat das Burgenland eine landwirtschaftliche Bio-Genossenschaft mit dem Zweck gegründet, zum einen den Bedarf auf der Konsumentenseite zu erfassen und zum anderen den Betrieben im Burgenland eine Absatz- und Produktionsplanung zu ermöglichen – bei einer gewissen Preisstabilität und Verlässlichkeit für alle Seiten. Das Projekt wächst. Die Produzenten schätzen den Vorteil der Planbarkeit. Die Endkonsumenten wiederum können sich darauf verlassen, biologisch erzeugte Produkte auf ihren Tellern zu haben, die garantiert aus der Region kommen. Nur am Rande sei erwähnt, dass viele ÖVP-Politiker, die das Projekt kritisieren, gleichzeitig Landwirte sind, davon profitieren und sehr gern mit an Bord sind.

Die Küchen in den öffentlichen Einrichtungen des Burgenlands, etwa in Krankenhäusern, Kindergärten und sogar die Kantine im Landhaus werden schon großteils mit Produkten aus dieser Genossenschaft beliefert. Und so ist Schluss mit hunderten Kilometern sinnloser Tiertransporte, auf die wir aufgrund der Gesetzeslage keinen Einfluss haben. Ein Schnitzel, das in Eisenstadt auf den Teller kommt, hat nicht 1.000 Kilometer im Lkw hinter sich, sondern maximal 100.

Daher wird die Regionalitätsstrategie über die Genossenschaft intensiviert und mit voller Kraft ausgebaut.

Wir denken bereits an einen nächsten Schritt: Wer heutzutage zum Tanken fährt, erledigt oft am selben Ort zur selben Zeit seinen Einkauf. Tankstellen haben sich als Nahversorger bis zu einem gewissen Grad erfolgreich etabliert. Warum soll das also bei Stromtankstellen nicht funktionieren? Der Aufbau des Stromtankstellennetzes soll mit der parallelen Einrichtung von Selbstbedienungsshops einhergehen. Produkte des täglichen Bedarfs, biologisch erzeugt von regionalen Herstellern, sollen auf diese Weise unkompliziert zugänglich gemacht werden. Mit dem Klimaziel 2030 im Visier kann also auch der Alltag einfacher und besser werden: für die Konsumenten, die statt fossilen Brennstoffen Strom tanken und gleichzeitig bessere Lebensmittel kaufen; für Landwirte, die von ihren biologisch erzeugten Produkten leben können; für die Umwelt, die mit weniger Kohlendioxid belastet wird. Die neue Normalität muss nicht komplizierter werden, sie kann einfacher werden, wenn man den Weg dorthin mit Hausverstand geht.

19. Jänner 2022
## Der Tag, als ich die »gemeinnützigen« Wohnbauträger herausforderte

Ich bin nicht der erste Politiker, der sich mit dem Thema leistbares Wohnen beschäftigt. In vielen Familien wird heute noch davon gesprochen, mit wie vielen Entbehrungen, mit wie viel Disziplin und eisernem Sparen ein Haus gebaut oder eine Wohnung angeschafft wurde. Wie schwer es ist, sich ohne Erbe, nur aus eigener Kraft Eigentum zu schaffen, weiß ich aus eigener Erfahrung. Meine Eltern haben hart gespart, um sich ein Haus zu bauen. Damals war das mit nur einem Gehalt, dem meines Vaters, möglich. Meine Mutter hat später dazuverdient, aber der Hauptverdiener war er. Wenn man die Rahmenbedingungen der 1970er-Jahre beurteilt – nämlich das Einkommen meines Vaters, das damals bei umgerechnet gut 1.000 Euro netto lag, und die Wohnbauförderung, die sie in Höhe von 7.000 Euro erhielten, sowie das Grundstück, das sich bereits im Eigentum befand –, funktionierte es, zugegeben mit einem guten Maß an Nachbarschaftshilfe und Eigenleistung.

Transferiert man diese Zahlen in die heutige Zeit, dann liegt das Einkommen eines nicht auspendelnden Arbeiters vielleicht bei 1.700 bis 1.800 Euro netto, Wohnbauförderung wird jedenfalls mehr als 40.000 Euro ausbezahlt, aber es ist unmöglich, ein Haus zu bauen oder sich in bestimmten Regionen einen Bauplatz zu kaufen. Nachbarschaftshilfe wurde staatlich untersagt. Jetzt könnte man lange volkswirtschaftlich darüber sinnieren, warum das so ist. Eigentlich sagt es einem der Hausverstand: Alles ist massiv teurer geworden und die Preise sind angestiegen. Nur eines nicht:

die Löhne. »Die Löhne sind der Schlüssel«, will man hinausschreien in die weite Welt der Sozialpartner, »... und nicht die Arbeitszeitverkürzung!«

Heute ist es so gut wie unmöglich, mit zwei Normalgehältern ohne Eigenmittel Eigentum zu erwerben. Die Banken sind restriktiv bei der Kreditvergabe. Wer kein Grundstück geschenkt bekommt oder kein Erspartes auf der Seite hat, hat kaum mehr eine Chance.

Eigentlich sollten die gemeinnützigen Wohnungen für den sprichwörtlich kleinen Mann oder die kleine Frau der Steigbügel zum Eigentum sein. Die Idee dahinter ist klug und entstand, wie so viele soziale Neuerungen, vor mehr als hundert Jahren. Der Bedarf an leistbarem Wohnraum war nach dem Ersten Weltkrieg dramatisch. In dieser Zeit entstanden Gemeindebauten, die den Menschen günstigen Wohnraum zur Miete boten, aber auch erste Genossenschafts- und Werkswohnbauten wurden errichtet. Sie ermöglichten preisgünstigen Wohnraum mit einer Eigentumskomponente.

Gemeinnützige Wohnbauträger sind Unternehmen und handeln dementsprechend unternehmerisch. Der Gesetzgeber und die Politik sind in diesem Punkt immer wieder gefordert, darauf zu achten, dass der mit Steuergeldern geförderte Gemeinnutzen nicht unter die Räder kommt. Das Wohnungsgemeinnützigkeitsgesetz sieht daher vor, dass der Status der Gemeinnützigkeit aberkannt werden muss, sobald die entsprechenden Regeln verletzt werden. Ist dieser Status aberkannt, ist vom betroffenen gemeinnützigen Wohnbauträger eine Geldleistung an jenes Bundesland zu leisten, in dem der Sitz der gemeinnützigen Bauvereinigung ist.

In Österreich wurde nun vor geraumer Zeit drei gemeinnützigen Wohnbauträgern ihre Gemeinnützigkeit aberkannt. Und alle drei haben vor Aberkennung der Gemeinnützigkeit, die durch bewusstes Fehlverhalten provoziert worden war, ihren Sitz ins Burgenland verlegt, wodurch gemäß den Buchstaben des Gesetzes Ausgleichszahlungen basierend auf den Werten der Liegenschaften dem Land Burgenland zufielen und folglich vom Immobilieninvestor Michael Tojner dem Land abgelöst wurden. Dies alles trug sich in den Jahren 2012 bis 2015 zu.

Einige Jahre später, in meiner Zeit als Landesrat, flatterte eine Anzeige ins Haus, ins Landhaus. Der Wiener Grünpolitiker David Ellensohn zeigte die Burgenländische Landesregierung wegen Amtsmissbrauchs an. Ein Wiener Zinshaus sei bei Transaktionen für etwa knapp drei Millionen Euro dem Land Burgenland abgelöst und ein halbes Jahr später um knapp 12 Millionen Euro verkauft worden. Eine Krisensitzung musste her, vertreten waren neben dem damaligen Landeshauptmann und mir auch etliche Mitarbeiter des Landes und natürlich der eine oder andere Gutachter von damals.

Es wurde lange hin und her argumentiert, dass die Anzeige in Bezug auf die Landesregierungsmitglieder substanzlos wäre und das Problem jedenfalls in den Griff zu bekommen sei. Ich fragte einen der Gutachter, wie er sich denn diese eklatante Wertsteigerung binnen eines halben Jahres vorstellen könne. Ich kann mich noch erinnern, als wäre es gestern gewesen: ein Hin- und Hergestammel, bei dem letztlich nur die Vermutung blieb, dass es vielleicht in diesem Zeitraum eine Wertsteigerung, sprich eine Sanierung, gegeben hat. So etwas Blödes hatte ich selten zuvor gehört. Vielleicht glaubte dieser eine Gutachter, noch dazu von einem international renommierten Wirtschaftsprüfungsunternehmen, Politiker seien komplett weltfremd. Mir war sofort die Stoßrichtung klar: Das ist ein Sachverhalt für die Korruptionsstaatsanwaltschaft. Ich sollte recht behalten.

Mittlerweile gibt es mehr als 40 Beschuldigte, die Schadensumme beläuft sich – je nach Schätzung – auf bis zu mehr als 100 Millionen Euro und eine Person steht im Mittelpunkt, nämlich Michael Tojner. Der Verdacht: Anlässlich des Entzugs der Gemeinnützigkeit der Wohnbauträger sollen Tojner und Co. das Land über den wahren Wert der Immobilien getäuscht haben. Der sei als zu gering dargestellt worden, wodurch das Burgenland zu wenig an Abschlagszahlung bekommen habe. Wird nämlich einer solchen Gesellschaft die Gemeinnützigkeit aberkannt, stehen dem Bundesland für die geleisteten Förderungen Zahlungen zu, die sich am Immobilienwert bemessen. Die Wirtschafts- und Korruptionsstaatsanwaltschaft wirft Tojner zudem vor, er habe sich die Wohnungsgesellschaften dann über Treuhänder angeeignet, über In-sich-Geschäfte und Scheinangebote. All das bestreitet Tojner, für ihn und die anderen rund 40 Beschuldigten gilt die Unschuldsvermutung.

Übrigens: Das Ermittlungsverfahren gegen die ehemaligen Mitglieder der Landesregierung wurde umgehend wieder eingestellt. Der oben genannte Gutachter hingegen wird im Ermittlungsverfahren gegen Herrn Dr. Tojner nun ebenfalls als Beschuldigter geführt, weil der Verdacht gegen ihn besteht, vorsätzlich falsche Gutachten erstellt zu haben.

Infolgedessen habe ich mich in das Wesen dieser gemeinnützigen Wohnbauträger gründlich eingearbeitet, wie es meine Art ist. Ich will den Dingen auf den Grund gehen und sie wirklich ganz verstehen. Dabei bin ich zum Schluss gekommen, dass das System des gemeinnützigen Wohnbaus wenn nicht überholt, so doch stark verbesserungswürdig ist.

Als ich am 19. Jänner 2022 mein politisches Reformkonzept für den sozialen Wohnbau mit dem Namen »Leistbares Eigentum im Burgenland« vorstellte, hieß es einmal mehr, das sei radikal und ein »Angriff« auf die bestehenden gemeinnützigen Wohnbauträger. Ich sehe das anders. Ich finde es nur konsequent, Veränderungen herbeizuführen, wenn man von deren Richtigkeit überzeugt ist und das Wohl der Menschen im Fokus steht. Konkret geht es uns darum, dass jemand, der nach unserem Modell eine Wohnung bezieht, mit der ersten Miete anteilig Eigentum erhält und sie Schritt für Schritt mit jeder monatlichen Miete über einen Zeitraum von 30 Jahren erwirbt. Eigenmittel sind nicht notwendig; der Kaufpreis bemisst sich nach den Errichtungskosten. Anders ist es bei den »gemeinnützigen« Wohnbauträgern, wo Mieten nicht unbedingt angerechnet werden und der spätere Kaufpreis dem Verkehrswert zum Kaufzeitpunkt und nicht zum Errichtungszeitpunkt entspricht. Für mich steht daher ausschließlich im Mittelpunkt, dass Menschen Wohnraum zu einem fairen Preis im Rahmen eines Ansparmodells erwerben und sich daneben auch das Leben leisten können.

Ein weiteres stetig brisanter werdendes Problem auch im Burgenland ist die Entwicklung der Baugrundstückspreise, wenngleich mit einem markanten Nord-Süd-Gefälle versehen. Wird ausschließlich den Märkten und Maklern die Preisentwicklung überlassen, bedeutet das letztlich, dass der soziale Aspekt, die Leistbarkeit und der Wunsch der Menschen – insbesondere der jungen Generation – nach einem Eigenheim zurückgedrängt und über kurz oder lang unmöglich gemacht wird. Ohne Steuerung wird die Preisschere zwischen Einkommen und Grundstückspreisen weiter auseinandergehen.

Um diese Entwicklungen abzufedern und umzukehren, haben wir einen neuen Steuerungsmechanismus entwickelt. Zentraler Bestandteil dieses Gesetzes für leistbares Bauland sind eine Abgabe auf unbebautes Bauland und der Abschluss von Baulandmobilisierungsvereinbarungen. Dabei gibt es viele Ausnahmen, etwa für ein Grundstück im ortsüblichen Ausmaß, dessen Eigentümer das 45. Lebensjahr noch nicht vollendet hat oder das für eigene Kinder oder Enkelkinder vorgesehen ist, die das 45. Lebensjahr noch nicht vollendet haben. Oder für denjenigen, der eben eine Baulandmobilisierungsvereinbarung abschließt – eine Vereinbarung, die bestimmt, dass das betreffende Grundstück bei entsprechenden Kaufangeboten an Bauinteressenten zu verkaufen ist.

Aber vergegenwärtigen wir uns: Derzeit sind fast 40 Prozent des gewidmeten Baulandes im Burgenland unbebaut. Damit liegen wir nicht nur deutlich über dem Bundesschnitt von rund 23,5 Prozent, wir weisen in Österreich sogar den höchsten Wert auf. Was immer wieder betont werden muss: Grund und Boden in Bauland umzuwidmen, ist ein Rechtsakt der öffentlichen Hand, der nur einem einzigen Zweck dient, nämlich dem Einzelnen die Schaffung von Wohnraum zu ermöglichen, um seinem Wohnbedarf zu entsprechen. Es gibt keinen anderen Zweck und schon gar nicht den, durch Umwidmung Vermögenswerte für andere als Wohnzwecke zu schaffen. Ungenutztes Bauland soll nicht als Gegenstand von Spekulationen verwendet werden, sondern der Allgemeinheit zur Verfügung stehen. Es ist unsere Aufgabe dafür zu sorgen, dass Bauland in Zeiten einer enormen Teuerung leistbar wird und bleibt, damit sich junge Familien den Traum vom Eigenheim erfüllen können.

Die Aufregung ist besonders bei jenen groß, die ihr Bauland nicht zum Bauen, sondern zum Verkaufen und Geldverdienen für jetzt oder später horten. Das mag aus persönlicher und »wirtschaftlicher« Sicht nachvollziehbar sein, dem Gemeinwohl entspricht es aber sicher nicht. Genau aus diesem Grund haben wir diesen Weg eingeschlagen, weil es gilt, die Lebenssituation des Einzelnen und dessen Bedürfnisse eingebettet und abgestimmt mit dem Gemeinwohl zu beurteilen. Denn das ist mein Selbstverständnis als gewählter Politiker: dafür zu sorgen, dass wirtschaftliche Einzelinteressen nicht über dem Gemeinwohl stehen und damit den sozialen Frieden gefährden.

24. Februar 2022
# Der Tag, als Russland die Ukraine überfiel und Energie zum teuren Gut wurde

Ich kenne die ukrainischen Umstände gut. Das Burgenland pflegt eine langjährige Partnerschaft mit der ukrainischen Region Transkarpatien, die wir nach dem Überfall Russlands auf die Ukraine intensiviert haben. Die Oblast Transkarpatien ist geopolitisch in einer ähnlichen Situation wie das Burgenland. Die Region mit einer Bevölkerung von etwas über einer Million Einwohnern hat eine ähnlich wechselvolle Historie wie das Burgenland. Im Zuge dieser Partnerschaft war ich nach dem Beginn des völkerrechtswidrigen Angriffs auf die Ukraine mehrfach zu Besuch in der Hauptstadt Uschgorod, einerseits um mich über die Situation vor Ort zu informieren, andererseits um unsere Unterstützung anzubieten. Innerhalb weniger Wochen haben wir es geschafft, mit Bussen unserer Landesverkehrsbetriebe hunderte Vertriebene aus der Ukraine ins Burgenland zu transportieren und hier unterzubringen – ein Kraftakt, mit dem wir an eine große Tradition der Hilfsbereitschaft anknüpfen konnten, welche die burgenländische Bevölkerung in den letzten Jahrzehnten bei vielen internationalen Krisen bewiesen hat.

Fährt man heute mit dem Auto von Eisenstadt Richtung Uschgorod, passiert man zunächst die österreichisch-ungarische Grenze. Hier zeigt sich das übliche mitteleuropäische Bild, wie wir es seit Jahren von unseren Grenzen kennen. Dieses ändert sich dann mit jedem gefahrenen Kilometer. Je weiter östlich man fährt, desto weniger Pkws finden sich auf den Straßen. Erreicht man die ungarische Ostgrenze, wird die Wirkung des Kriegs spürbar. Zwischen den ungarischen und den ukrainischen Posten liegt ein Grenzstreifen. Kriegsgerät, Soldaten, strenge Kontrollen auf beiden Seiten. Die Politiker und Funktionäre, denen man begegnet, treten nicht mehr in Anzug und Krawatte auf, sondern – ähnlich dem ukrainischen Präsidenten – in militärischer Kluft, bewacht und oft bewaffnet.

Trotzdem: Transkarpatien zeigt sich als hochentwickelte Region, die uns beispielsweise in der Frage der Digitalisierung überlegen ist. Die Menschen dort verstehen sich als Europäer und gleichzeitig als Ukrainer.

Der Überfall Russlands auf die Ukraine am 24. Februar 2022 hat unsere Lebensweise durcheinandergeworfen. Er zwingt uns, in vielen Bereichen umzudenken, speziell in der Energiepolitik: Die Stoßrichtung muss weg von fossilen Brennstoffen hin zu einer grünen Energiezukunft sein. Wir haben unseren Wohlstand unter anderem auf billigem russischem Gas aufgebaut und uns so abhängig gemacht von einem revisionistischen Regime in Moskau.

Schon vor dem Angriffskrieg Russlands war mein Ziel, dass das Burgenland bis 2030 klimaneutral und energieautark wird. Das schreibt sich so einfach. Als ich diese Vision angekündigt habe, habe ich in viele ungläubige Gesichter geblickt und etliches an Kritik kassiert.

Der stete Wind ist eine einzigartige Ressource; große Investitionen in Windparks haben bewirkt, dass wir während der letzten Jahre in Summe bilanziell gesehen 150 Prozent des eigenen Strombedarfs umweltschonend erzeugen. Das Burgenland ist frühzeitig in den Anlagenbau von Windparks eingestiegen, allerdings haben wir in der Frühphase zugelassen, dass knapp sechzig Prozent des Eigentums an den Windparks in privaten Händen liegen. Mit den 42 Prozent im Eigentum der öffentlichen Hand waren wir immerhin in der Lage, 2022 die Strompreise für bestehende Privatkunden nicht zu erhöhen. Dasselbe gilt für die Gaspreise. Wären die Windparks zu einhundert Prozent im Eigentum der öffentlichen Hand, könnten wir noch bessere Angebote machen.

Strom aus Wind wird bei Weitem nicht der Weg sein, der uns zu Energieautarkie und damit zu mehr politischer und wirtschaftlicher Eigenständigkeit führt, aber diese Art der Stromgewinnung ist ein wichtiger Baustein. Die nächsten wichtigen Schritte liegen quasi direkt vor unserer Nase. Solarenergie spielt bereits jetzt eine große Rolle. Tiefenwärme soll in Zukunft relevanter werden.

Zur Erreichung dieser ambitionierten Energie-Ziele haben wir unseren Landesenergieversorger – die Burgenland Energie – vollkommen neu ausgerichtet. Die längste Zeit war der Energieversorger lediglich ein Stromverkäufer, der administrierte. Ich will an dieser Stelle den damaligen Mitarbeitern keinen Vorwurf machen. Es wurde getan, was in Österreich und auch am Markt üblich war.

Strom zu erzeugen, zu verkaufen, einzukaufen und weiterzuverkaufen ist jetzt nur mehr eine Nebentätigkeit. Die Haupttätigkeit der Burgenland Energie soll in Zukunft der Verkauf oder die Vermietung von Produkten und Systemen im Paket sein, um es zu ermöglichen, dass jeder private Haushalt zukünftig sein eigener Energieversorger wird. Wir liefern keinen Strom, sondern die Anlagen, damit Menschen selbst Strom erzeugen können und diesen auch optimal nutzen können. Dies reicht eben von der preisunabhängigen Produktion mittels Photovoltaik über die Speicherung im eigenen Speicher bis hin zum Verbrauch – sei es zu Heizzwecken durch eine Wärmepumpe oder zur Betankung eines Elektroautos.

Da aber die Versorgung des jeweiligen Haushalts aufgrund unterschiedlichster Verbrauchszeitpunkte in der Praxis nicht immer optimal möglich ist, gilt es eine Ebene höher, nämlich auf jener der Gemeinde, anzusetzen. Energiegemeinschaften sind ein Vehikel, um den Strom auf lokaler und regionaler Ebene bestmöglich auszutauschen. 171 burgenländische Gemeinden, so unsere Vorgabe, können 260 Energiegemeinschaften bilden. Somit kann eine kleine Ortschaft mit einer Freiflächen-Photovoltaik von zwei bis drei Hektar bedarfsdeckend Strom erzeugen. Damit diese Energiegemeinschaften reibungslos laufen, braucht es ein funktionierendes Abrechnungssystem und natürlich – und das ist der Schlüssel – einen zentralen Groß-Speicher. Sobald eine lokale Energiegemeinschaft über einen solchen verfügt, ist sie weitgehend Markt- und somit auch preisunabhängig. Eine umweltfreundliche Speichertechnologie, die dies ermöglicht, ist erst seit kurzer Zeit verfügbar. Es handelt sich um den von einem deutschen Unternehmen entwickelten organischen Speicher, der ohne seltene Erden und Metalle wie etwa Lithium auskommt. Der Testbetrieb im burgenländischen Schattendorf läuft bereits. Ist das Ergebnis positiv, ist das Speicherproblem gelöst – und noch dazu umweltschonend. Die Notwendigkeit, die Stromproduktion zu stabilisieren, indem man zu Spitzenverbrauchszeiten Strom zukauft, fiele dann weg. Wenn der Wind weht oder die Sonne scheint, produziert das Burgenland viel mehr Strom, als es braucht und muss ihn verkaufen. Wenn Strom fehlt, müssen wir zukaufen. Das wollen wir durch Speicher ausgleichen. Das Burgenland wäre dann zur Gänze energieautark, zumindest was Privathaushalte und kleine Unternehmen betrifft.

Die Wirtschaft hat hingegen gänzlich andere Anforderungen. Hier steht die Weiterentwicklung der Wasserstofftechnologie im Vordergrund. Nach dem aktuellen Stand der Forschung bietet sie das geeignetste Ausstiegsszenario aus Gas für den Industriebereich. Viele Unternehmen haben mit astronomischen Energiepreissteigerungen zu kämpfen. Man kann sie in einer solchen Situation nicht im Stich lassen – unabhängig von der Unternehmensgröße.

Im Zentrum der Lösungen für die Industrie steht der Elektrolyseur, eine Anlage die im Idealfall erneuerbare Energie in Wasserstoff umwandelt. Ein solcher soll ab 2025 in Zurndorf errichtet werden und burgenländischen grünen Strom in jährlich 40.000 Tonnen Wasserstoff für die industrielle Nutzung umwandeln und ab dem Jahr 2026 liefern. Dadurch werden außerdem 400.000 Tonnen $CO_2$ pro Jahr eingespart. Die Anlage wird zehn Prozent des Gasbedarfs Österreichs decken können.

Zu diesen ersten beiden Entwicklungsschritten kommt als dritter Schritt die Tiefenwärme hinzu. Hier liegt großes Potenzial, das sich vor allem dann entfalten kann, wenn man sie mit anderen Energiequellen vernetzt und in ein Gesamtkonzept integriert. Das Projekt nimmt gerade Anlauf. Am Ende dieses Weges, so unsere Vision, steht ein Burgenland, das europaweit vorzeigt, wie man die Klima- und Energiewende schafft und dabei auch die Bevölkerung mitnimmt. Auch sind wir so unabhängig von internationalen Preisschwankungen.

Allerdings führt kein Weg daran vorbei, sich mit den unmittelbaren Folgen der hohen Energiepreise zu beschäftigen. Im Burgenland haben wir sehr flexibel reagiert. Zuerst mit einem Heizkostenzuschuss und einem Teuerungsbonus. Ab 2023 mit dem Wärmepreisdeckel, der auf ein zumutbares und sozial gerechtes Maß an Energiekosten auf Basis des Haushaltseinkommen abstellt und somit die Belastungen lindert. Finanziert wird dieses Modell aus dem sogenannten Klima- und Sozialfonds, der wiederum aus den im Burgenland eingeführten Abgaben auf die Gewinne von industriellen Wind- und Photovoltaikanlagen gespeist wird. Im Gegensatz dazu ist die auf Bundesebene eingeführte Übergewinnsteuer nicht in diesem Ausmaß zurück an die Bevölkerung geflossen und verpufft im Budget.

Ich bin ein Freund davon, die Risiken zu kennen, sie rechtzeitig abzuschätzen und danach rasch Maßnahmen zu ergreifen. Die Grundversorgung der Menschen von den Launen der Märkte und der internationalen Entwicklungen abhängig zu machen, halte ich für keine gute Strategie. Den Vorwurf des Zentralismus nehme ich unter dieser Voraussetzung gern in Kauf. Ich fordere in diesem speziellen Fall sogar mehr Zentralismus, aber einen klugen. Denn Österreich hat vollkommen unterschiedlich strukturierte Energieversorger. Wenn der Bund bei allen abschöpft, muss eine adäquate Umverteilung in Richtung der Allgemeinheit die Folge sein. Eben diese Umverteilung in einem gesunden Verhältnis für die Bürger abzubilden, sodass alle in den Genuss einer korrekt bepreisten Energieversorgung kommen, traue ich dem Bund aber leider nicht zu.

3. Juni 2023

# Der Tag, als ich – für 48 Stunden – SPÖ-Chef war

Sonntag, 4. Juni 2023, der Tag nach dem SPÖ-Kampfparteitag, bei dem ich mich mit knapper Mehrheit, oder 53 zu 47 Prozent, gegen Andreas Babler durchsetzen konnte. Ich bin kein Morgenmensch, ich bin eher ein Morgenmuffel. Als Erstes lese ich die Zeitungen auf meinem Tablet. Bei der *Kronen Zeitung*-Titelseite dachte ich mir: Endlich ein schönes Foto! Ich bin ja teilweise nicht so fotogen.»Dosko am Ziel« lautete die Schlagzeile dazu. Das beschreibt mein Gefühl damals vielleicht am besten. Aber da war natürlich nicht nur der Moment des Erfolgs, sondern auch der Gedanke an alles, was jetzt kommt. Es war ein bisschen ambivalent.

Für mein erstes Interview »danach« hatte ich mich mit der *Krone*-Chefreporterin Conny Bischofberger verabredet, wir trafen uns im Restaurant KOI in Rotenturm an der Pinka, südlich von Oberwart. »Ich habe mir schon gedacht: das wird eng«, erzählte ich ihr. Wir sprachen darüber, wie man die Begeisterung für die Rhetorik Andreas Bablers, meines Konkurrenten, in eine neue Aufbruchsstimmung einfließen lassen kann. Dass ich Gewerkschaften und Wirtschaft ins Boot holen will und als Erstes die Löhne erhöht gehören. Dass ich mindestens 30 Prozent stark werden möchte, um mein Ziel, eine Dreierkoalition mit Grünen und Neos, erreichen zu können. Dass ich jede Koalitionsvariante einer Mitgliederbefragung unterbreiten möchte. »Meine Ziele heißen: Mindestlohn. Zweiklassenmedizin abschaffen. Thema Pflege. Und schließlich die Migration. Wenn wir hier erfolgreich sind, werden wir auch

Wahlen gewinnen«, sagte ich im Interview. Und: »Dass ich die FPÖ ausgeschlossen habe, steht felsenfest. Wir müssen die freiheitlichen Wähler zurückholen, nicht Kickl. Das waren einmal unsere Wähler. Viele Arbeiter, Leute, die von uns enttäuscht wurden.« Am Ende fragte mich Bischofberger noch, ob mein Dreitagebart bleiben wird. Ja, wird er.

Am Montag danach war alles anders. Zwei *Standard*-Journalisten warteten in meinem Vorzimmer auf ihr Interview, ein ORF-Journalist der Sendung »Report« war auch da. Wir saßen im Büro von Herbert Oschep, meinem Büroleiter. Mein Pressesprecher Christian Stiller und die jetzige SPÖ-Landesgeschäftsführerin Jasmin Puchwein waren auch da. Der Anruf ging bei Oschep ein. Er gab wieder, was er soeben erfahren hatte: Ich bin doch nicht der Sieger, bei der Auszählung ist etwas vertauscht worden, ein peinlicher Fehler. Im ersten Moment konnte es niemand glauben. Ich erinnerte mich, dass der ORF-Mann Martin Thür schon am Sonntag auf dem Kurznachrichtendienst X auf eine nicht zugeordnete Stimme aufmerksam gemacht hatte. In der Sekunde war mir klar: »Ok, das war's.« Alle Gedanken der letzten 48 Stunden waren dahin: Wie kriege ich das mit dem Mindestlohn hin, wie schaffe ich es, die Verbindung zu Michael Ludwig, zu den Gewerkschaften wiederherzustellen? Es herrschte Fassungslosigkeit. Ich war wohl der Ruhigste. Und ich dachte mir: »Es wird schon einen Sinn haben, dass es so gekommen ist.« Und dann warteten schon die nächsten Aufgaben: Was sagen wir den vor der Tür wartenden Medienvertretern? Wir hatten Interviews mit *Report* und *Standard* ausgemacht. Offiziell wurde das alles ja erst Stunden später.

Denn am Nachmittag um 15:45 Uhr trat die Leiterin der SPÖ-Wahlkommission, Michaela Grubesa, bei einer überraschend anberaumten Pressekonferenz auf und entschuldigte sich. Man habe alle Stimmen richtig ausgezählt, aber eine ungültige Stimme in der Gesamtrechnung vergessen. Durch einen Fehler eines Mitarbeiters seien die Resultate in einer Excel-Tabelle in falscher Reihenfolge eingetragen worden. Daher hieß der neue SPÖ-Vorsitzende ab diesem Zeitpunkt auch offiziell Andreas Babler. Und nicht Hans Peter Doskozil.

Es war nicht nur eine international belächelte Blamage, sondern natürlich auch persönlich eine unglaubliche Enttäuschung – und Belastung. Jeder kann sich vorstellen, wie es sich anfühlt, wenn man sich als Gewinner fühlt – und dann das genaue Gegenteil der Fall ist. Und es war eine Zäsur.

Entfremdung? Irritation? Unbehagen? Wenn ich darüber nachdenke, wie es mir mit meiner Partei, der SPÖ, geht, dann mischen sich die Gefühle. Die SPÖ, die meine Eltern gewählt haben, war eine ganz andere. Die SPÖ, der ich als junger Mann beigetreten bin, ebenso.

Eines vorweg: Alle politischen Parteien mit tiefen historischen Wurzeln haben diese gekappt. Das gilt in Österreich ganz besonders für die ÖVP, die SPÖ sowie die FPÖ. Selbst die Grünen haben ihre ursprünglichen Inhalte und Ziele schon vor Längerem über Bord geworfen, was ihre aktuelle Politik zeigt. Die ÖVP nimmt nach wie vor für sich in Anspruch, eine christlich-soziale Partei zu sein. Das ist sie nicht mehr. Sebastian Kurz hat um des Erfolges Willen große Teile der alten, christlich geprägten ÖVP geopfert. Die öffentlich gewordenen Chat-Nachrichten seines Vertrauten Thomas Schmid zeigen, wie sehr sich die ÖVP von christlich-sozialen Inhalten und der katholischen Kirche entfernt hat. Im März 2019 kündigte Schmid dem Kanzler an, dass er den Generalsekretär der katholischen Bischofskonferenz, Peter Schipka, treffen werde. Die Kirche hatte mehrfach Kritik an der Asylpolitik der Regierung geübt. »Wir werden ihnen ein ordentliches Package mitgeben«, schrieb Schmid. »Im Rahmen eines Steuerprivilegien-Checks aller Gruppen in der Republik wird für das BMF (Finanzministerium) auch die Kirche massiv hinterfragt«, kündigte er Kurz an. Der Kanzler schrieb zurück: »Ja super. Bitte Vollgas geben.« – »Er [Schipka] war zunächst rot, dann blass, dann zittrig«, berichtete Schmid an Kurz stolz. Der letzte schwarze und gläubige Katholik in der Riege der alten ÖVP war Hermann Schützenhöfer, der als steirischer Landeshauptmann und langjähriger Landesparteichef im Juli 2022 freiwillig von der politischen Bühne abgetreten ist.

Auch die FPÖ ordnet mit polarisierenden Themen und Aussagen alles dem politischen Erfolg unter. Freisinnige Tendenzen hat die Partei fallengelassen. Welche Freiheit die Partei meint, die sie in ihrem Logo und angeblich in ihrer DNA hat, ist nicht mehr ersichtlich.

Und meine SPÖ? Auch sie ist längst nicht mehr die stolze Arbeiterpartei, die sie einst war und für die sie heute noch manche gern halten. Eine Partei ist zu jeder Zeit Teil der Gesellschaft und muss sich mit ihr entwickeln, ändern und sich den Gegebenheiten anpassen. In Wahlkämpfen heften wir uns immer noch auf die Fahnen, die Partei des sogenannten kleinen Mannes zu sein, der Unterprivilegierten, um Wählerstimmen zu sammeln. In Wirklichkeit vertreten wir diese Gruppen gar nicht mehr.

Ich kann auch mit gewissen Ritualen wenig anfangen. Etwa dem Ersten Mai auf dem Wiener Rathausplatz. Ich war nur einmal dort, als Verteidigungsminister, und das war dann ausgerechnet der schlimmste Erste Mai überhaupt. Jener, bei dem der amtierende SPÖ-Chef Werner Faymann ausgepfiffen wurde, der Anfang von seinem Ende. Danach übernahm Christian Kern. Doris Bures und Werner Faymann haben die Tribüne verlassen, wie man ein Begräbnis verlässt. Es war erschreckend. Die ganze Inszenierung stieß mich ab. Die Tribüne, auf der die Parteielite steht und sich von den vorbeimarschierenden Massen bejubeln und zuwinken lässt, hat für mich etwas Überhebliches, nicht mehr Zeitgemäßes. Natürlich muss man auf ein Podium hinauf, wenn man eine Rede hält. Aber so? Warum begrüßt man die Parteimitglieder nicht auf Augenhöhe? Mir war das dermaßen unangenehm. Ich weiß nicht, was sich rote Granden dabei denken, wenn sie das Jahr für Jahr aufs Neue so inszenieren.

Ich habe bereits zwei Beispiele beschrieben, bei denen ich mich von meiner Partei nicht richtig verstanden fühle. Da ist zum einen die Kritik an mir als »rechts« in meiner Haltung, weil ich beim Thema Migration einen konsequenten, pragmatischen, rechtsstaatlichen Kurs vertrete. Was soll daran »rechts« sein? Zum anderen hat mein Eintreten für einen Mindestlohn die eine oder andere Verwerfung provoziert.

Vollends irritiert hat mich aber eine Episode Anfang Oktober 2021. Als Sebastian Kurz damals nach den Enthüllungen und Vorwürfen der Wirtschafts- und Korruptionsstaatsanwaltschaft als Bundeskanzler immer mehr unter Beschuss kam und die Opposition seinen Rücktritt gefordert hatte, gab es eine Präsidiumssitzung der SPÖ. Die Parteivorsitzende Pamela Rendi-Wagner und andere Vertreter des höchsten Gremiums der Partei waren plötzlich für eine breite Koalitionsregierung mit Beteiligung der FPÖ. Genau jene, die sonst immer das Mantra »Keine Koalition mit der FPÖ« vor sich hertragen, hätten jetzt mit der FPÖ koaliert. Die sogenannte Vranitzky-Doktrin in Form eines aufrechten Parteitagsbeschlusses, keine Koalition mit der FPÖ einzugehen, war ihnen plötzlich egal. Auch der von Christian Kern durchgesetzte Wertekompass galt plötzlich nicht mehr.

Nun hat das Verhältnis zwischen den beiden Parteien SPÖ und FPÖ eine lange, komplizierte Historie. Als Bruno Kreisky 1970 nach den Wahlen nur die Option der Bildung einer Minderheitsregierung hatte, brauchte er die Unterstützung der Freiheitlichen, damals unter Friedrich Peter. Später, von 1983 bis 1987, kam es zu einer tatsächlichen Koalition auf Bundesebene unter dem Kanzler Fred Sinowatz. Die Freiheitlichen wurden damals von Norbert Steger geführt. Als allerdings Jörg Haider den Kurs der Freiheitlichen bestimmte, zerbrach die Koalition. Und Kanzler Vranitzky erhob die Distanz zur FPÖ, dezidiert zur Haider-FPÖ, zur Maxime.

Und nun wurde mit einem Mal eine Zusammenarbeit auf Bundesebene mit der FPÖ sondiert. Ausgerechnet die SPÖ sollte mit FPÖ-Chef Herbert Kickl, den Grünen und den NEOS eine Regierung unter Bundeskanzlerin Rendi-Wagner bilden? Um an die Regierungsspitze zu kommen, wollten große Teile der Führung der SPÖ mit der Rechtsaußen-Partei, einer Impfgegner-Partei, einer Anti-Asyl- und Migrationspartei und einer europafeindlichen FPÖ eine Zusammenarbeit eingehen. Für mich war das unmöglich.

Auch das von den SPÖ-Granden verwendete Argument, dass es sich um »eine außergewöhnliche Situation« handle und Rendi-Wagner als »Bundeskanzlerin zur Verfügung stehe« und einen »Beitrag zur Stabilität im Land leisten« könne, verfing nicht bei mir. Eine Koalition mit der FPÖ war für mich zu diesem Zeitpunkt und in dieser Konstellation ein absolutes No-Go. Der Kurz-Rücktritt am 9. Oktober 2021 machte den Deal dann ohnehin obsolet; die türkis-grüne Regierung mit dem neuen Bundeskanzler Alexander Schallenberg blieb im Amt.

Ich war von dieser Vorgehensweise und Haltung der Mitglieder des SPÖ-Präsidiums massiv enttäuscht. Alle waren dafür: Pamela Rendi-Wagner, Michael Ludwig, Doris Bures, alle – bis auf mich. Zugegeben, auch für mich ist die »Vranitzky-Doktrin« nicht in Stein gemeißelt. Es hat in der Vergangenheit Situationen gegeben, in denen man überlegen musste, ob man sie revidieren sollte, um bei Koalitionsbildungen Flexibilität wahren zu können. Dass mein Vorgänger Hans Niessl im Burgenland durch seine Bereitschaft, 2015 mit der FPÖ zu koalieren, die Basis für unsere heutigen Mehrheitsverhältnisse gelegt hat, bestätigt das. Aber im Herbst 2021 mit Herbert Kickl auf Bundesebene eine Kooperation einzugehen, der in wichtigen Fragen wie der Anti-Corona-Politik völlig konträr zur SPÖ eingestellt ist, war für mich undenkbar. Der Grund für den Kurswechsel der SPÖ-Spitze war ja nicht die Stabilität der Republik, sondern schlicht das Ziel, wieder in Funktionen zu kommen und die Kanzlerin stellen zu können. Unter diesen Voraussetzungen eine mögliche Koalition mit der Kickl-FPÖ dermaßen schönzureden, hat mich gelinde gesagt verblüfft.

In der Rückschau muss ich feststellen, dass es drei große Enttäuschungen zwischen mir und meiner Partei gab: erstens die Dissonanzen in der Asyl- und Flüchtlingspolitik, zweitens die Unstimmigkeiten beim Mindestlohn und eben drittens diese Anbiederung an die Kickl-FPÖ.

Mein Verhältnis zur Bundespartei, aber auch zu den Spitzenfunktionären auf Wiener Ebene ist gewiss nicht einfach. Aber handelt es sich hier tatsächlich um einen Konflikt mit der Partei? Dafür müsste zuerst die Frage geklärt werden, wer die Partei ist. Ist es der oder die jeweilige Parteivorsitzende, sind es die Spitzenfunktionäre, zu denen ich mich auch zähle? Wohl nicht nur. Die Partei wird getragen von Mitgliedern, Funktionären und Sympathisanten. Das ist die Partei. Ohne Basis gibt es überhaupt keine Partei, auch nicht die SPÖ.

Sobald ich mich öffentlich äußere, wird mir von gewissen Parteikreisen und auch von manchen Medien alles, was ich sage, als Kritik an der Parteispitze ausgelegt. Nur: Wenn ich eine Pressekonferenz oder ein Interview gebe, dann weil ich inhaltlich etwas zu sagen habe und nicht, weil ich irgendwem etwas ausrichten will. Es geht mir immer um die Sache und um die verständliche Vermittlung politischer

Entscheidungen. Die Kommunikation mit der Bevölkerung ist für mich oberstes Gebot. Ein Politiker, der sich nicht erklärt, sollte seinen Job gleich aufgeben. Man schuldet es den Menschen, ihnen mitzuteilen, woran man in ihrem Auftrag erarbeitet. Andernfalls entsteht keine Verlässlichkeit. Wenn ich eine klare inhaltliche Position in der Öffentlichkeit vertrete, ist das eben nicht automatisch ein Angriff auf eine Person. Diese Differenzierung zwischen einer pointierten inhaltlichen Positionierung und einer persönlichen Auseinandersetzung ist für mich sehr wichtig.

Ich möchte daher an dieser Stelle auch mein Verhältnis zur früheren Parteivorsitzenden Rendi-Wagner nicht nochmals in allen Details Revue passieren lassen. So unansehnlich das »Klein-Klein«-Spiel im Fußball ist, so unproduktiv und unschön ist es auch in der Politik. Es hat gewiss Kränkungen von beiden Seiten – beabsichtigt und viel öfter wohl unbeabsichtigt – gegeben. Ich kann mich aber nicht erinnern, die Ex-Parteivorsitzende jemals persönlich angegriffen oder ihr gar einen Rücktritt nahegelegt zu haben. Andere Landeschefs der SPÖ haben es gegenüber den Bundesparteivorsitzenden anders gehalten – ich denke da zum Beispiel an den ehemaligen steirischen Landesvorsitzenden Franz Voves, der Werner Faymann zum Rücktritt aufgefordert hatte.

Aber ebenso unumstritten ist, dass wir bei der thematischen Ausrichtung der Partei vielfach divergierende Vorstellungen hatten. In einigen grundsätzlichen Fragen vertrat ich einfach andere Positionen als die ehemalige Parteivorsitzende, etwa beim Mindestlohn und bei der Arbeitszeitverkürzung. Ob sie in der Migrations- und Asylfrage hinter dem Kaiser-Doskozil-Papier stand oder nicht, war für mich nicht fassbar. Eine öffentlich sichtbare Differenz gab es auch, als das Burgenland – von Expertenseite gut begründet – einen Lockdown während der Corona-Zeit um 14 Tage früher beendet hatte als Wien und Niederösterreich. Seither ist auch die Stimmung zwischen mir und dem Wiener Bürgermeister Michael Ludwig leider nicht mehr die allerbeste.

Aber entscheidend aus heutiger Sicht ist für mich, dass es mir immer wichtig war, die inhaltliche und persönliche Ebene auseinanderzuhalten. Vielleicht kommt auch irgendwann der Zeitpunkt, an dem Pamela Rendi-Wagner und ich das in einem persönlichen Gespräch aufarbeiten – oder zumindest reflektieren können.

Der Rest der Geschichte ist jedenfalls bekannt: Im Frühjahr 2023 spitzte sich die Lage so weit zu, dass ich mich schließlich in einem offenen Brief offiziell um den Parteivorsitz der SPÖ bewarb. Ich wünschte mir keinen »Rosenkrieg«, sondern »Klarheit« und einen »Schlussstrich«. Dazu forderte ich eine Abstimmung der Mitglieder über die Parteispitze. Rendi-Wagner hatte zuerst versucht, die Führungsfrage auf einem Sonderparteitag zu klären. Ich bekam Wind von diesem Vorhaben, das schon recht konkret vorbereitet wurde, um Fakten zu schaffen und kam dem zuvor, indem ich für die Mitgliederabstimmung plädierte. Es wäre wohl nicht falsch, über diese Wochen und Monate von einem Stellungskampf zu sprechen.

Schließlich einigte sich das Parteipräsidium nach längerer Statutendebatte auf einen Kompromiss: Im Laufe des Mai sollte es eine Mitgliederbefragung geben und noch vor dem Sommer einen Sonderparteitag, bei dem das Ergebnis dieser Basisabstimmung in Beschlüsse umgemünzt werden sollte.

Die Mitgliederbefragung wurde dann aber unnötig weit aufgemacht. Zuerst hatte es ganz nach einem Duell zwischen mir und der Parteivorsitzenden ausgesehen. Dann verkündete der Wiener Rote Niki Kowall von der »Sektion 8«, dass auch er gern antreten würde. Es war vor allem eine symbolische Kandidatur, um die Parteiführung herauszufordern – und ihr mehr Basismitbestimmung abzuringen. Die Wiener wehrten sich dagegen, solange es ging. Aber im entscheidenden Parteipräsidium war klar: Kowall den Antritt zu verweigern, hätte die aktuelle SPÖ-Führung wie Steinzeit-Sozialisten aussehen lassen. Also preschte Wien nach vorn – und verkündete: Antreten darf nicht nur Kowall, sondern alle, und zwar sprichwörtlich alle, die SPÖ-Mitglieder sind oder es bis zum nächsten Freitag noch werden – ohne Unterschriftensammeln, ohne Empfehlung einer Bezirksorganisation, ohne Funktion in der Partei. Die Befragung sollte vom 24. April bis 10. Mai laufen. Als statutarisch bindend sei diese Mitgliederbefragung ohnehin nie geplant, wurde getrommelt, sie sei nur eine Empfehlung für den Parteitag, der am 3. Juni folgen sollte.

Ich mache es kurz: Als dann klar war, dass mit dem Traiskirchner Bürgermeister Andreas Babler ein dritter, ernstzunehmender Kandidat ins Rennen ging, wurden die Karten erneut neu gemischt. Den nunmehrigen Dreikampf um die Führung der SPÖ entschied ich im Rahmen der Mitgliederbefragung für mich – etwas, das im Rückblick ein wenig untergegangen ist. Platz zwei ging an Andreas Babler, Amtsinhaberin Rendi-Wagner wurde Dritte.

Dass es überhaupt zu einer Kampfabstimmung beim Sonderparteitag kam, war dann Andreas Bablers Wunsch. Ich hatte ihm zuvor angeboten, den Job zu machen: »Andi, mach Du es!«, sagte ich in einer Sitzungspause zu ihm, als sich die Bundesparteigremien mit dem weiteren Prozedere abmühten. Ich spürte, dass der Widerstand der SPÖ Wien und der Spitzengewerkschafter mir gegenüber sehr groß, fast feindselig war. Gleichzeitig redeten die Ländervertreter mir zu, mich diesem Duell zu stellen. Die meisten, weil sie mich persönlich unterstützten, andere zumindest eine transparente Entscheidung in Form einer Abstimmung wollten. Im Rückblick waren das Chaostage in der Partei, und die

Wunden, die geschlagen wurden, werden noch lange brauchen, um zu heilen.

Der Vorwurf, den ich mir selbst mache: Ich bin mir untreu geworden und habe mich überzeugen lassen. Wäre ich bei meinem Grundgefühl geblieben, dass angesichts der aggressiven Ablehnung meiner Person aus Wien und aus Teilen der Gewerkschaften ein erfolgreicher Wahlkampf mit einer geschlossenen Partei ohnehin nicht möglich gewesen wäre, und hätte ich Babler das Feld überlassen, wäre uns dieser Sonderparteitag erspart geblieben.

Und jetzt? Nein, dieses Buch ist keine Vorlage für ein bundespolitisches Comeback. Das hat sich für mich erledigt, aus ganz lebenspragmatischen Gründen. 2023/24 wäre das ideale Zeitfenster für mich gewesen, meine burgenländischen Projekte auch im Bund umzusetzen: den Mindestlohn vorantreiben, die Pflege- und Gesundheitsmisere mit eigenen Ideen angehen, den Dauerbrenner leistbares Wohnen behandeln. Es wollte nicht sein, das muss man akzeptieren. Da bin ich sogar ein wenig esoterisch, obwohl ich das sonst gar nicht bin. Die Entscheidung wird etwas Gutes haben.

Als ich 2019 Landeshauptmann im Burgenland wurde, versprach ich, eine Legislaturperiode durchzudienen. Das hätte ich bis zum Sommer 2024 auch eingehalten, wenn ich SPÖ-Chef geworden wäre. Nachfolgekandidaten hätte es gegeben.

Gleichzeitig habe ich immer damit gehadert, das Burgenland, meine Heimat, Richtung Bund zu verlassen. Landeshauptmann zu sein, ist die schönste Aufgabe überhaupt, weil man konkret viel verändern und gestalten kann. Ich will Dinge angehen, Themen neu denken, wenn es sein muss auch gegen den Strich bürsten und vor allem Begonnenes fertigbringen. Nur repräsentieren, aber nichts mehr verändern zu wollen, keine inhaltlichen Ambitionen zu haben, das ist nicht das Meine.

Ich führe im Burgenland viele Referate selbst und ich bringe mich auch bei wichtigen Projekten meiner Kollegen in der Landesregierung ein, was nicht immer alle erfreut. Für mich gibt es mit dem Blick Richtung Wahlen einen Grundsatz: Spitzenkandidat einer Partei kann man nur sein, wenn man in der Lage ist, die Partei auch entsprechend zu tragen und voranzubringen. Fällt man mit seinen persönlichen Werten hinter jene der Partei, dann ist für mich ein Rückzug aus der Politik klar. An diesen Grundsatz werde ich mich bei zukünftigen Entscheidungen halten.

10. Oktober 2023
# Der Tag, als der Verfassungsgerichtshof meiner Beschwerde gegen das ORF-Gesetz recht gab

Am 10. Oktober 2023 um 10:30 Uhr veröffentlichte der Verfassungsgerichtshof auf X (Twitter), dass er die Aufsichtsgremien des Österreichischen Rundfunks (ORF) für teilweise verfassungswidrig hält. So wie der Stiftungsrat und der Publikumsrat bis dato bestellt wurden, verstoße das gegen das in der Verfassung verankerte Gebot der Unabhängigkeit und des Pluralismus. Mit anderen Worten: Die höchsten ORF-Organe müssen entpolitisiert werden, die Regierung und vor allem das Kanzleramt haben dort zu viel Macht. Dieses Erkenntnis des Höchstgerichts ist ein wichtiger Schritt im Kampf um die politische Unabhängigkeit des ORF. Ich freue mich darüber besonders, weil ich es initiiert habe. Und die burgenländische Landesregierung die Beschwerde einbrachte. Umgangssprachlich ist das wie eine Beschwerde mit der Bitte um Prüfung. Die Normenkontrolle ist wie das Immunsystem unseres Rechtsstaates. Hier zeigt der Föderalismus eine seiner guten Seiten, weil die Länder dem Bund als Gesetzgeber auf die Finger schauen können. Als wir die Beschwerde einbrachten, wurden wir belächelt. Jetzt, im Nachhinein, lässt sich das durchaus als Beitrag zur Medienfreiheit in Österreich betrachten.

Ist der ORF noch unabhängig genug, um die Politik zu kontrollieren, oder ist es schon umgekehrt, kontrolliert die Politik den ORF? Das war die zentrale Frage, die ich mir stellte, als ich die Beschwerde initiierte. Aus eigener Erfahrung weiß ich, dass es sehr oft Letzteres ist. Schon als ich noch Büroleiter bei Landeshauptmann Hans Niessl war, habe ich miterlebt, was sich abspielt, wenn ORF-Positionen in einem Landesstudio neu besetzt werden. Vom ORF-Gesetz her hat der Landeshauptmann bei der Bestellung des Landesdirektors ein Anhörungsrecht. Eigentlich ist das schon absurd genug. Konkret spielte sich das dann in Form eines Abendessens ab, bei dem sich der damalige ORF-Generaldirektor Alexander Wrabetz und der burgenländische Landeshauptmann austauschten. Es kam natürlich nicht direkt zur Sprache, wen sich der Landeshauptmann als Landesdirektor des ORF in seinem Bundesland wünschte. Aber es wurde nachgefragt, ob alles in Ordnung sei, ob man zufrieden wäre, ob es Probleme gäbe. Es ist eine Tatsache, dass der ORF immer politisch war. Die Bundes-SPÖ hat dieses Spiel auch gespielt. Die ÖVP spielt es noch um einiges härter.

Das Fass zum Überlaufen brachten die sogenannten »Koalitions-Sideletter«, die zu Beginn des Jahres 2022 bekannt wurden. Erinnern wir uns: Der grüne Vizekanzler Werner Kogler machte damals etwas Ungewöhnliches. Er lud zu einer Pressekonferenz ein, um eine Geheimabsprache zwischen ihm und Kanzler Sebastian Kurz öffentlich zu machen: einen sogenannten Sideletter. Seine Mitarbeiter verteilten das Papier an die staunenden Medienvertreter. Die Grünen hatten sich bei den Koalitionsverhandlungen mit der ÖVP nicht nur das »Vorschlagsrecht für den Stiftungsratsvorsitzenden«, wenn dieser zur Wahl steht, gesichert, sondern auch für das künftige ORF-Direktorium ein Verhältnis von drei zu zwei für die ÖVP ausgehandelt. Auch in der türkis-blauen Regierung davor hatten Sebastian Kurz und FPÖ-Chef Heinz-Christian Strache den ORF knallhart aufgeteilt. Sie paktierten über Posten und die Abschaffung der Gebührenfinanzierung. Stattdessen sollte der ORF aus dem Budget dotiert werden. Stiftungsrat, Geschäftsführung, die Positionen leitender Redakteure: Alles war zwischen FPÖ und ÖVP im Jahr 2017 schon fix und fertig ausgehandelt, als gehörte der Rundfunk nicht dem Volk, sondern diesen beiden Parteien. Im Stiftungsrat lautete die türkisblaue Formel 4:4:1, vier Mitglieder für jede Seite plus den Vorsitz für die ÖVP. Für die »Geschäftsführung bei gesamter Neubestellung« hieß es wortwörtlich: »3:2 (GD + 2 VP, 2 FP)«. Demnach sollte der türkis-blaue ORF vier Direktoren haben, je zwei pro Partei, der Generaldirektor sollte aber ein »Dirimierungsrecht« bekommen: Bei Stimmengleichstand hätte seine Stimme entschieden. Das war der Moment, in dem ich beschloss, den Verfassungsgerichtshof einzuschalten, denn wenn sich Parteien den ORF so aufteilen können, dann muss das Gesetz, das so etwas derzeit ermöglicht, wohl mangelhaft sein.

Ein wichtiger Hebel für den politischen Einfluss im ORF ist die Art und Weise, wie der Stiftungsrat und – weniger relevant – der Publikumsrat beschickt werden. Im Urteil des Verfassungsgerichts, das schnell kam, gerade zwei Wochen nach den öffentlichen Verhandlungen, ist das im Detail nachzulesen. Derzeit werden 30 der 35 Mitglieder des ORF-Stiftungsrats von »staatsnahen« Stellen bestellt: nämlich von der Regierung (9), den Parlamentsparteien (6), den Bundesländern (9) und vom ORF-Publikumsrat, in dem das Kanzleramt und die Medienministerin sowieso das Sagen haben (6). Nur die fünf vom Zentralbetriebsrat entsandten Mitglieder sind »staatsfern«. Das führt dazu, dass die ÖVP seit Längerem im ORF-Stiftungsrat über eine satte Mehrheit verfügt, sowohl aus direkt von ihr entsandten (16) als auch ihr nahestehenden Räten. Im Publikumsrat, der eigentlich die Zivilgesellschaft repräsentieren soll (und der der ORF als öffentlich-rechtliches Medium ja gehört!), ist es nicht besser. 22 der 30 Räte sind »staatsnah«, weil sie von der Medienministerin, die 17 bestimmen darf, und den Parteiakademien (5) bestellt werden. Die von der Medienministerin ausgewählten Mitglieder sind nicht nur »staatsnah« sondern »regierungsnah«. Das Land Burgenland hat übrigens den Komponisten und Dirigenten Christian Kolonovits in den Stiftungsrat entsandt. Er hat sich keinem sogenannten »Freundeskreis« angeschlossen, so nennen sich die parteinahen Zusammenschlüsse im Stiftungsrat – als bewusstes Zeichen für Unabhängigkeit und gegen parteipolitische Deals.

Tatsächlich sind die ORF-Steuerungsgremien fest in der Hand der Politik. Hier hakt der Verfassungsgerichtshof mit seinem Urteil ein. Er kritisiert ganz konkret die Bestellungsmodalitäten des Stiftungsrats. Dort könne die Regierung nicht neun Mitglieder bestimmen, wenn der Publikumsrat nur sechs bestimmt. Und schon gar nicht gehe es an, dass im Publikumsrat die Bestellung von gar 17 Vertretern »so weitgehend in das Belieben des Bundeskanzlers (beziehungsweise der Medienministerin) gestellt« ist, sodass die »verfassungsrechtlichen Gebote der Unabhängigkeit und pluralistischen Zusammensetzung dieses Leitungsorgans des ORF verletzt sind.«

Die Höchstrichterschaft ist also nicht so weit gegangen, den gesamten Stiftungsrat für verfassungswidrig zu erklären, was radikal gewesen wäre. Sie gibt der Regierung einen präzisen Arbeitsauftrag: Entpolitisiert die ORF-Aufsicht! Einmal mehr zeigt sich, dass heikle Reformen in Österreich nicht von selbst in Gang kommen; man muss sie schon einklagen. Der Verfassungsgerichtshof verlangt keine radikale Neugründung, aber doch eine deutliche Überarbeitung der ORF-Aufsichtsgremien. Bis März 2025 muss die Regierung das ORF-Gesetz nun reparieren und dabei die Aufsichtsorgane neu gestalten. Warten wir ab, was kommt. Im schlimmsten Fall überlässt die türkis-grüne Regierung diese delikate Aufgabe der nächsten Regierung, die vielleicht sogar von einem FPÖ-Kanzler angeführt werden könnte.

Meine Freundschaft zum Journalisten Kurt Kuch hat mich früh für die Machtzusammenhänge zwischen Medien und Politik sensibilisiert. Der Auftrag der absoluten Äquidistanz zu allem und jedem ist in der Realität schwer umsetzbar. Absolute Neutralität kann man von niemandem verlangen, auch von Journalisten nicht. Recherche allerdings schon. Heutzutage werden Informationen – oder vermeintliche Informationen – von manchen Medienhäusern gern auf Zuruf übernommen. Eine politische Partei oder Gruppierung, die gute direkte Kontakte hat, kann sich auf eine unmittelbare Abbildung ihrer Informationen im betreffenden Medium verlassen. Da wird nicht mehr lange gefragt, ob eine Information korrekt ist oder nicht. Und da kommt der Journalismus insgesamt an seine Grenzen. Der Aufforderung zur Seriosität im Journalismus mögen sich auch die Politiker selbst stellen. Es ist zu akzeptieren, dass man eventuell nicht so dargestellt wird, wie man es gern hätte oder gar gewohnt ist. Ich sage es offen: Ich bin von ungünstiger Darstellung in den Medien auch nicht begeistert. Aber man muss es ertragen, wenn man objektiv behandelt wird.

Die politische Gängelung des ORF ist nur eines der Probleme, das Österreich hat. Weg von der Inseratenpolitik! Das wäre das zweite wesentliche Projekt auf dem Weg zu neuen Standards in unserer Medienlandschaft. Dem System der Berichterstattung auf Zuruf und der Einflussnahme ist nur mit einem gut überlegten System der Medienförderung beizukommen. Diesbezügliche Versuche sind in der Vergangenheit allesamt gescheitert.

Dabei geht es auch hier um einen Problemkomplex, der eine weitere Abhängigkeit der Medien von der Politik aufzeigt. Große Gebietskörperschaften und deren ausgegliederte Gesellschaften etwa verfügen über ein voluminöses Inseraten-Budget in deutlich zweistelliger Millionenhöhe in einem

Wahljahr. Was »kauft« man damit? Öffentliche Meinung. Das System Kurz hat das massiv betrieben, wie sich letztlich herausgestellt hat. Erfunden hat dieses System aber ein Roter: Der spätere Kanzler Werner Faymann wusste zunächst als Wiener Wohnbaustadtrat und dann als Verkehrsminister, wie man sich mit üppigen Inseratenbudgets das Wohlwollen mancher Boulevardmedien sichert. Sein Nachfolger als Kanzler, Christian Kern, hat das später einmal sehr treffend als »Erbsünde« der SPÖ bezeichnet.

Über 300 Millionen Euro investierte die Republik im Jahr 2022 in die journalistische »Daseinsvorsorge« privater Medien. Wie vieles, das dringend reformiert gehört, sind auch das System der Medienförderungen und die Inseratenpolitik über die Jahrzehnte gewachsen – und gewuchert. Wer gerade an der Macht war, reklamierte Förderungen für seine Klientel hinein oder bediente sein Milieu mit Inseraten. So, wie es sich heute darstellt, würde niemand es am Reißbrett planen. Auf der einen Seite gibt es in Österreich staatliche Medienförderungen. Diese sind in verschiedene Kategorien beziehungsweise Fonds unterteilt. Für Massenmedien sind davon drei Töpfe relevant: der Fonds zur Förderung der digitalen Transformation, der Privatrundfunkfonds sowie die Presseförderung für Printmedien, die sich wiederum in mehrere Unterkategorien gliedert. Diese offiziellen Fördertöpfe sind das eine.

Daneben gibt es auch noch eine inoffizielle Förderung. In Summe haben öffentliche Stellen 2022 Inserate im Wert von rund 201 Millionen Euro geschaltet. Vor allem die Stadt Wien und die Österreichische Bundesregierung sind zahlungskräftige Kunden. Die Erwartungshaltung dürfte zumindest bei manchen dieser »Partnerschaften« so sein, wie es Nationalratspräsident Wolfgang Sobotka (ÖVP) im Gespräch mit Österreich-Gründer Wolfgang Fellner in der Sendung »Fellner! LIVE«

symbolhaft beschrieben hat: »Sie kennen des Geschäft, ja, für's Inserat gibt's a Gegengeschäft.« – »Natürlich«, hat Fellner geantwortet. Und Sobotka hat das bekräftigt. »Natürlich.« Wenn wir also eine vielfältige Medienlandschaft haben wollen, brauchen wir ein neues System. Ein erster Schritt wäre ein Gesamtbudget, das über alle Ministerien nachvollziehbar verteilt wird, damit jedes Ressort seinen Informationspflichten und seinem Informationsbedarf nachkommen kann. Ein Ministerium sollte nicht mehr über das Instrument des Inseratenkaufs politisch agieren können. Was eine politische Partei mit ihren Geldern aus der Parteienförderung und aus den Mitgliedsbeiträgen macht, ist dann grundsätzlich ihre Sache. Allerdings würde ich auch hier eine strenge Beschränkung der Wahlkampfkosten verhängen. Im Burgenland ist das bereits Realität.

Denn es ist aus meiner Sicht demokratiepolitisch inakzeptabel, dass eine kleine Gruppe sich aufgrund ihrer Finanzkraft überproportional öffentliche Meinung erkauft. Der bekannteste und umtriebigste Akteur in diesem System ist der Medienunternehmer, Journalist und Moderator Wolfgang Fellner, der immer wieder vorstellig wird, um Inseratenbudgets und redaktionelle Gegenleistungen zu verhandeln, ausgestattet mit Tortendiagrammen und Inseratenspiegeln. Zu ihm gibt es seit einigen Jahren keinen Kontakt mehr und Inserate schalten wir im Burgenland in seinen Medien sowieso nicht.

Dieses Missverhältnis zu Wolfgang Fellner hat natürlich auch seine Ursache. Zum einen widert mich ein Journalist an, der so unverhohlen positive Berichterstattung mit einer entsprechenden Inseratenpolitik verknüpft. Zum anderen wäre da eine Bootsfahrt. Wolfgang Fellner führte in diesem Boot eine Art Bewerbungsgespräch mit einer möglichen zukünftigen Mitarbeiterin. Das Gespräch wurde aufgezeichnet und wie der Zufall es will, wurde mir ein Transkript zugespielt.

Wolfgang Fellner belästigte seine Gesprächspartnerin, indem er sie während dieses Bewerbungsgesprächs zu ihm nach Ibiza einlud und diese Einladung mit einer primitiven sexuellen Aufforderung ergänzte. Der Vorwurf ist nicht neu, wurde nur ganz kurz medial diskutiert und ist daher bekannt. Ein Medienunternehmer mit einem solchen Charakter kann für mich kein Partner sein und es ist für mich mehr als verwunderlich, dass jene, die vollmundig Frauenrechte predigen, gerade ihm Inseratenmillionen nachschmeißen und Interviews geben.

27. Dezember 2023

# Der Tag, als wir den Kauf der Therme Stegersbach besiegelten und was das mit »Doskonomics« zu tun hat

Es war im Frühjahr 2023, als mich Karl Reiter kontaktierte, jener Karl Reiter, der im Burgenland und wohl auch darüber hinaus als der Hotelier schlechthin gilt und dessen Wort und Meinung deshalb auch gern gehört werden.

Zu denjenigen, die nur laut schreien – solche gibt es nämlich auch in der Tourismusbranche –, gehört Reiter ganz sicher nicht. Genauso wenig wie Josef Puchas, eine weitere Persönlichkeit der burgenländischen Tourismusbranche, dessen Tag, so scheint es, mehr als 24 Stunden haben muss und der sich unermüdlich für die Weiterentwicklung des Tourismus im Südburgenland einsetzt.

Aber zurück zu Karl Reiter: In einem persönlichen Gespräch erzählte er mir seine Lebensgeschichte, die Geschichte seiner Familie. Anfangs dachte ich mir, dass dieser Mann wohl ein anderes Zeitgefühl hat, denn schon bald hatten wir den nächsten Termin und er schilderte mir in aller Ruhe und Ausführlichkeit weiter die Entwicklungen, die er genommen hatte und die wichtigen Stationen seines Lebens. Aber ich hörte ihm trotzdem gern zu, denn es war beeindruckend, was er erzählte. Ich empfand eine Mischung aus Bewunderung, Respekt und Achtung vor seinem Lebenswerk. Ich fand, dass es sich auch in seinem ruhigen, zufriedenen, vielleicht leicht wehmütigen Blick widerspiegelte.

Aber worum ging es am Ende? Karl Reiter hatte im Jahr 2008 die Therme Stegersbach im Südburgenland erworben und über die Jahre immer weiter ausgebaut, bis sie zu einem Leitbetrieb geworden war. Jetzt wollte er aufhören. Auch davon erzählte er mir. Ich fand, dass das Land diese Chance nicht an sich vorbeiziehen lassen sollte. Natürlich hätten wir auch dabei zusehen können, wie sie an einen privaten Konzern verkauft wird. Aber was passiert oft, wenn private ausländische Investoren oder Großkonzerne in regionale Strukturen eingreifen? Arbeitsplatzabbau, Verschlechterungen für die ansässige Bevölkerung oder gar der gänzliche Wegfall des Betriebs durch fehlende Investitionen.

Einen derartigen Kauf tätigt man jedoch weder in einem solchen Gespräch, noch ist es meine Aufgabe, Verkaufsverhandlungen zu führen. Es mussten die Experten der Landesholding Burgenland ans Werk, ergänzt um juristische Kompetenz und Unternehmensberater, sodass mehr als ein halbes Jahr später – genau genommen drei Tage nach dem Heilgen Abend 2023 – der Kauf der Therme Stegersbach unter Dach und Fach war.

Aber warum kauft ein Bundesland nun wirklich eine Therme? Aus meiner Sicht gibt es zunächst grundlegende strategische Überlegungen und Bestimmungen, wie und wann die öffentliche Hand, in unserem Fall das Land Burgenland, unternehmerisch vertreten durch die Landesholding, auftreten soll. Für mich ist klar, dass die öffentliche Hand all jene Aufgaben selbstständig zu erfüllen hat, die der Verfassungsgesetzgeber ihr zugeordnet hat und die der Daseinsversorgung zuzurechnen sind. Dazu zählen etwa die Pflegeversorgung, die medizinische Versorgung im Rahmen der Spitäler, die Wasserversorgung oder die Versorgung mit Energie.

Daneben soll die öffentliche Hand auch immer dann unternehmerisch auftreten, wenn sie von der Wirtschaft darum ersucht und benötigt wird. Dies ist der Fall, wenn im Rahmen von Unternehmensansiedlungen oder bei wirtschaftlichen

Problemen eines Unternehmens Unterstützungen in Form von Förderungen, Haftungen oder Beteiligungen gewährt werden.

Darüber hinaus sollte die öffentliche Hand aus meiner Sicht auch dann unternehmerisch auftreten, wenn es erforderlich ist, ergänzend zur Privatwirtschaft und beschränkt auf essenzielle Bereiche und Branchen, Standortentwicklung und Standortabsicherung zu betreiben. Dabei ist ein besonderes Augenmerk auf die regionale Strukturentwicklung und die Absicherung von Arbeitsplätzen zu legen. Ein gutes Beispiel dafür ist der Kauf der Therme Stegersbach. Tourismus ist für das Burgenland eine der wichtigsten Branchen für die Regionalentwicklung und damit auch für die Schaffung von Arbeitsplätzen.

Weiters galt es auch, ein ähnliches Schicksal wie jenes von Güssinger Mineralwasser zu verhindern, weil auch im Fall der Therme Stegersbach kein verlässlicher Nachfolger als Investor in Sicht war. Güssinger Mineralwasser wurde nämlich von einem russischen Investor gekauft, es wurde wenig bis nichts investiert und schließlich wurde das Unternehmen im Jahr 2020 leider in die Insolvenz geführt.

Die Erzählungen der Kritiker, die behaupten, dass sich das Land Burgenland mit dem Kauf der Therme Stegersbach verschuldet habe, stimmen nicht. Käufe wie dieser werden nämlich nicht aus dem Landesbudget finanziert, sondern über die Landesholding getätigt und müssen vom Betreiber aus den Erträgen des Betriebs refinanziert werden. Dies gilt für alle Betriebe der Landesholding, die nicht gemeinnützig, wie etwa die Pflegeheime, geführt werden.

Diese klaren Vorgaben an die Landesholding, wann und wie ein Unternehmen zu führen ist, sind strikt einzuhalten und werden vom Eigentümervertreter vorgegeben. Das bedeutet daher, dass sich das Auftreten der Landesholding natürlich verändern kann, sobald ein Eigentümervertreter mit anderer politischer Ideologie andere Vorgaben macht. Meine Linie ist klar: Ich stehe für eine starke öffentliche Hand und ein starkes Land Burgenland. Damit untrennbar verbunden ist auch die Vorgabe, tagtäglich den Beweis zu erbringen, den Vergleich mit der Privatwirtschaft nicht zu scheuen und ihm standzuhalten. Wir müssen beweisen, dass wir Wirtschaft »können« und dabei auch besser sind als andere. Dieser Beweis ist uns beispielsweise beim Bau der neuen Klinik Oberwart eindrucksvoll gelungen.

Das ist mein Verständnis einer burgenländischen Wirtschaftspolitik für die Zukunft. Wir wollen eben nicht, dass wichtige Bereiche des Lebens wie Kinderbetreuung, Pflege, Wohnen oder Gesundheit privatisiert und damit Renditen erwirtschaftet werden, sodass jene, die auf diese staatlichen Institutionen und Leistungen angewiesen sind, renditeorientierten Unternehmen ausgeliefert sind. Stattdessen sollen diese Bereiche in den Händen der Burgenländer bleiben, vertreten durch die Landesholding Burgenland.

Die krisenhaften letzten Jahre haben gerade auf Bundesebene gezeigt, wie schlecht die Entscheidungen waren, Schlüsselunternehmen der Republik wie etwa die OMV, die VOEST, Semperit, die Casinos, die Telekom, Austria Tabak und andere, ganz oder mehrheitlich in private Hände zu übergeben. Trotzdem mussten bei der AUA im Jahr 2020 die Steuerzahler mit öffentlichen Mitteln einspringen – rund 150 Millionen Euro an Steuergeldern und 300 Millionen Euro an Kreditgarantien gegenüber dem neuen Eigentümer waren notwendig, um die Austrian Airlines zu retten. Ein starker Staat hätte hier die Aufgabe gehabt, eine Beteiligung an der AUA zu sichern, die sich einst im Eigentum der Republik Österreich befand. Das ist aber nicht passiert: Auch nach der Rettungszahlung der Österreicher befindet sich die Fluglinie zu 100 Prozent im Eigentum der deutschen Lufthansa.

Die Bundesregierung schmeißt privaten Großkonzernen, die teilweise in ausländischen Händen sind, Gelder der österreichischen Steuerzahlern nach, schafft es im Gegenzug aber nicht, den Einfluss Österreichs zu stärken. Keine Garantien für Arbeitsplätze. Keine Garantie für den Standort Österreich. Nur ständig neue Staatszuschüsse. Ähnlich lief es bei der Benko-Pleite: viel Geld des Steuerzahlers, am Ende die größte Pleite der Zweiten Republik. Die Zeche für diese Fehler der Republik zahlten die Bürger auch angesichts der Rekord-Inflation der letzten Jahre, getrieben durch exorbitant steigende Energiepreise, als es nicht möglich war, bei der OMV preisregulierend zu intervenieren.

Eine starke öffentliche Hand ist deshalb wichtig, weil nicht Konzerne, etwa bei der Pflege, profitieren sollen, sondern die Bevölkerung und die hart arbeitenden Menschen. Genau deshalb wird unsere Landesregierung auch künftig in Bereiche wie den sozialen Wohnbau, die Gesundheitsvorsorge und die Pflege investieren und auch mit einer durchdachten Standortpolitik Arbeitsplätze sichern und Unternehmen ansiedeln. Gleichzeitig will die Landesregierung ein starker Partner für privatwirtschaftliche Betriebe sein. Unser Anspruch ist es, dass es den Menschen im Burgenland gut geht und dass auch noch künftige Generationen von den heute gesetzten Maßnahmen profitieren werden.

Das Burgenland ist sicher besonders gefordert durch seine Lage, seine spezielle Geografie und auch durch seine Geschichte als lange Zeit agrarisch geprägte, in der Wirtschaftsentwicklung hinterherhinkende Region. Hier braucht es eine starke, aktive Hand. Oder soll das Land Burgenland dabei zusehen, wie wichtige Unternehmen im Burgenland zusperren oder abwandern und Arbeitsplätze verloren gehen? Besser ist es, wenn sich das Land als starker Partner burgenländischer Unternehmen durch die Landesholding strategisch beteiligt und so den Wirtschaftsstandort Burgenland sichert.

Neben einem vielfältigen Förderregime zur Unternehmensentwicklung und Betriebsansiedlung über unsere Wirtschaftsagentur Burgenland GmbH beteiligt sich das Land auch unter marktorientierten Gesichtspunkten in zahlreichen Bereichen und Branchen. Im Vordergrund steht dabei die Absicherung von Arbeitsplätzen und die nachhaltige Stärkung unseres Wirtschaftsstandortes. Durch diese Beteiligungen sollen auch Erträge für das Land Burgenland erwirtschaftet werden, wovon dann wiederum die Burgenländer in den nächsten Generationen profitieren.

Das lässt sich gut am Beispiel des Pharmaunternehmens Sanochemia erklären: Das in Neufeld an der Leitha ansässige Unternehmen schlitterte 2019 in die Insolvenz. Das Land Burgenland hat sich folglich befristet am Unternehmen beteiligt. 2023 konnte die Sanierung des Unternehmens erfolgreich abgeschlossen und die Unternehmensbeteiligung beendet werden. Durch die Beteiligung des Landes wurden 120 Arbeitsplätze gerettet sowie insgesamt zwei Millionen Euro Gewinn für das Land Burgenland erwirtschaftet. Wäre rein nach »Marktkriterien« gehandelt und jenen gefolgt worden, die jetzt laut kritisieren, würde es diesen traditionsreichen Standort heute nicht mehr geben und die Arbeitsplätze wären unwiderruflich verloren gegangen. Es war das Engagement des Landes, das diesen Erfolg ermöglicht hat, weil nicht Betriebswirtschaftslehre nach dem Lehrbuch zählte, sondern unser volkswirtschaftlicher Anspruch und Hausverstand als richtig erachtet wurden.

Das Land investiert über den Beteiligungsfonds ATHENA auch in viele kleinere und mittlere Unternehmen, die Unterstützung brauchen. Das ist zunächst nicht besonders, denn alle Bundesländer machen das so oder ähnlich. Und auch da brauchen wir uns nichts vorwerfen zu lassen. Beispiele gefällig?

Über ATHENA Burgenland ist das Land Burgenland auch an Flugsimulatoren der Aviation Academy in Neusiedl am See mit mehr als 50 Prozent beteiligt. Dieses Unternehmen erwirtschaftet jährlich mehrere Millionen Euro Gewinn, von dem auch das Land durch seine Beteiligung profitiert. Ein weiteres, inzwischen international positioniertes Unternehmen, an dem der ATHENA-Fonds Anteile hält, ist die Firma Lumitech aus Jennersdorf. Dort werden Beleuchtungslösungen für Regale im Lebensmittelhandel entwickelt und in ganz Europa und darüber hinaus ausgeliefert – direkt aus dem Burgenland. Neben der wichtigen Wertschöpfung für das Burgenland schreibt das Unternehmen kontinuierlich Gewinne und liefert somit auch stabile Dividenden für den Landesfonds ab.

Und nein, wir verschulden uns durch die oben beschriebenen Maßnahmen nicht zusätzlich, weil auch hier gilt, dass sich die Beteiligungen selbst tragen und refinanzieren müssen. Daher haben wir aktuell das beste Budget aller Bundesländer und nehmen als einziges Bundesland 2024 kein Darlehen auf. Das ist österreichweit einmalig! Bestätigt werden die stabilen Finanzen des Landes auch durch das aktuelle Rating der international anerkannten Agentur S&P (Standard & Poor's).

Dass wir mit Steuergeldern sorgsam umgehen, beweist der Neubau der Klinik Oberwart. Es musste weder ein eigener Kredit dafür aufgenommen noch mittels Leasings finanziert werden, sondern es wurde aus dem Landesbudget bezahlt und ist somit vollständig finanziert. Kein anderer Krankenhausbau in Österreich wurde so punktgenau innerhalb des zeitlichen und unterhalb des budgetären Rahmens realisiert. Allein das beweist, dass das Land Burgenland finanziell hervorragend dasteht. Ähnlich verhält es sich in der Pflege, wie zuvor schon ausführlich beschrieben. Neben der Anstellung pflegender Angehöriger und naher Vertrauenspersonen setzen wir im Burgenland auf 171 Pflegestützpunkte in jeder Gemeinde, die die wohnortnahe Versorgung sicherstellen. Das sind quasi kleine Sozialzentren, Treffpunkte für die Ortschaft, Dreh- und Angelpunkte für die Zivilgesellschaft und Versorgungszentren für die ältere Generation.

Eines sollte in diesem Zusammenhang nicht unerwähnt bleiben: Ohne die gute Zusammenarbeit mit verschiedenen Institutionen, wie der Arbeiterkammer, der Wirtschaftskammer, der Landwirtschaftskammer oder den Glaubensgemeinschaften wäre all dies nicht möglich. »Doskonomics« heißt auch, auf die bewährten Strukturen der Sozialpartnerschaft zurückzugreifen. Ich denke in Kooperationen, nicht in Konflikten. Ich will gemeinschaftlich Dinge voranbringen und nicht einzelne Akteure gegeneinander ausspielen.

14. März 2024

# Was mir mein irakischer Friseur über Integration erzählte

Wenn ich zu Besuch in der Heimat meiner Frau bin, also in Deutschland, ergibt es sich immer wieder, dass ich zum Haareschneiden zu einem irakischen Friseur in Stuttgart gehe, einem Christen. Er weiß, dass ich in Österreich Politiker bin, und offenbar wollte er mir bei unseren Gesprächen eine klare Botschaft mit auf den Weg geben. Sie lautete, sinngemäß, aber unmissverständlich so: »Seitdem ich nach Deutschland gekommen bin, arbeite ich hart, meine Frau ebenso. Wir wollen unseren Kindern auch etwas bieten. Ich zahle Steuern – und das nicht zu wenig. Es kommen immer mehr Flüchtlinge nach Deutschland. Sie bekommen alles, oder sagen wir so, sie bekommen zu viel und müssen nichts dafür tun. Dieselben Flüchtlinge müssen während ihres Aufenthalts in der Türkei, wo sie darauf warten, nach Europa zu kommen, arbeiten. Und dort arbeiten sie auch. Sobald sie in Deutschland sind, arbeiten sie nicht, warum auch? Als Christ wurde mir im Irak verboten, Weihnachten zu feiern. In Deutschland ist der Ramadan bald das größte Fest, du musst nur nach Köln oder Frankfurt schauen. Du darfst das als Politiker nicht sagen, sonst bist du ein Rechter, aber das ist die Realität.«

Ist das die Realität? Und wenn ja, warum empfindet er sie so, als ein rechtschaffener und durchaus auch gebildeter Mensch? Warum fühlt er sich vom Staat, vom System ungerecht behandelt, warum fühlt er sich ausgenutzt, ausgenutzt von jenen, denen wir notwendige Hilfe geben? Versuche ich, dagegen zu argumentieren, lacht er freundlich. Ein Lächeln, das mir zu verstehen gibt: »Was weißt denn du schon!« Dabei attestiert er deutschen Politikern Eigenschaften, die ich hier nicht wiederholen sollte. Nebenbei schneidet er die Haare weiter.

Wieder zurück im Burgenland, der Alltag hat mich wieder eingeholt, erzähle ich meinen engsten Mitarbeitern von dieser Begegnung, darunter auch meinem Pressesprecher. Die Reaktion: »Bitte sag das nirgends, du bist eh ständig damit konfrontiert zu weit rechts zu stehen.«

Gleichzeitig lese ich über Schulen in Wien, in denen die Gewalt überhandnimmt und man nunmehr Timeout-Klassen fordert. Die Gewalt in den Schulen nimmt zu, niemand weiß wirklich, wie viele Brennpunktschulen es in Wien schon gibt, das Thema wird – so gut es geht und sofern die Medien mitspielen – verschwiegen. Ein anderes Medium, das Magazin *profil*, titelte im April 2024, dass Wien den Familiennachzug nicht mehr bewältigen kann. In einem Jahr müssen etwa 4.000 Kinder in das Schulsystem integriert werden, jeden Monat also circa 350. Wie soll das funktionieren, frage ich mich?

Dabei ertappe ich mich, an den irakischen Friseur zu denken und ihm insgeheim recht zu geben. Es ist nicht nur das Schulsystem. Es ist der Wohnungsmarkt, überhitzt und zu teuer im Verhältnis zum Durchschnittseinkommen. Es ist der Arbeitsmarkt. Warum braucht es bei einer 50-prozentigen Arbeitslosenquote bei Asylberechtigten eine Mangelberufsliste für die Zuwanderung aus Drittstaaten? Warum arbeiten nicht jene, die zu uns kommen und trotz negativer Asylentscheidung dennoch bleiben, in diesen Mangelberufen?

Dies alles sind Themen und Fragen, die sich unweigerlich auftun, wenn man kritisch hinter die Kulissen blickt, wenn man die Romantik der Willkommenskultur wegschiebt und eintaucht in den Alltag entlang der Quellenstraße im 10. Wiener

Gemeindebezirk, eintaucht in die praktischen Probleme des Schulalltags in Wien, dem man seine Kinder nicht anvertrauen will. Oder wenn man sich die Entwicklung der Kriminalität in Österreich genauer anschaut. Wer sind in etlichen Fällen die Täter und woher kommen sie? Oder darf man diese Fragen nicht stellen? Sollte man bei diesen Fragen, die irgendjemand bestimmt stellen wird, keine Antworten erwarten? Sind die Antworten, auch wenn sie richtig sind, fremdenfeindlich? Sind sie rechts? Und ist derjenige, der sie ausspricht, ein Rechter?

Spricht man über Asyl, Migration und Zuwanderung, ist das Thema Integration unweigerlich damit verbunden. Tatsächlich ist es weniger schwierig, über Asyl und Migration zu sprechen als über Integration, wenn man Integration umfassend und auch in Verbindung mit unseren Werten, mit der Entwicklung unserer Gesellschaft und ihrem Zukunftsbild sieht.

Meine Werte, mein Verständnis von gegenseitiger Achtung, Respekt und Toleranz, sind eingebettet in die europäische Kultur und Tradition, getragen und geprägt vom christlichen Glauben und meinen sozialdemokratischen Grundwerten. Das ist meine Basis für meine Vorstellung von einer funktionierenden Gesellschaft. Das ist übrigens auch die Basis für meine enge Zusammenarbeit mit dem Eisenstädter Diözesanbischof Ägidius Zsifkovics, aus der mittlerweile eine enge Freundschaft geworden ist. Wird dieser Wertekompass verlassen, funktioniert schon das Zusammenleben in der kleinsten Einheit unserer Gesellschaft, nämlich der Familie, nicht mehr. Dann kann eine Gesellschaft keinen Bestand haben.

Ich bin der Meinung, dass wir in Europa nach diesem Wertekompass leben und jeder Einzelne als Reaktion auf diese Werte, Regeln, Traditionen und Haltungen erwarten darf, dass sie auch von jedem anderen, der hier leben will, befolgt werden. Vielleicht ist dies auch die Umschreibung einer »nicht normierten Grundnorm«, wie sie der Autor der österreichischen Verfassung, der große Rechtsgelehrte Hans Kelsen, verwendete. Von ihr leitete er die vielen, konkret geltenden Rechtsvorschriften ab. Sie ist in der Rechtstheorie die Grundnorm, die sogar über der Verfassung steht.

Gleich vorweg: Ich bin nicht der Meinung, dass diese Grundnorm aus der Balance geraten ist, sie ist im Lot, sie sieht sich aber tagtäglich mit Herausforderungen konfrontiert, die sie immer wieder neu bewältigen muss. Das Wichtigste dabei ist, und das sollte übrigens für jede Vorschrift und Regel gelten: Sie geht vom Volk aus. Das Volk entscheidet auch über diese Grundnorm. Diese demokratische Legitimation durch das Volk ist auch Garant dafür, dass sich kein totalitäres System etabliert, Menschen nicht diskriminiert werden, die Gleichheit vor dem Gesetz gelebt wird – und dass diese Grundnorm nicht aus dem Lot gerät.

In diesem Zusammenhang fällt mir eine Diskussion im SPÖ-Bundesparteivorstand ein, irgendwann vor der Mitgliederbefragung im Jahr 2023. Die Diskussion führte zur Frage der Videoüberwachung an Plätzen mit erhöhtem Kriminalitätsaufkommen und der damit einhergehenden Frage, wie denn eine Sozialdemokratie in ihrer Bandbreite zwischen vernunftgetriebener Realpolitik und sozialromantischer Willkommenspolitik zu einer Entscheidung kommt. Die eigentlich einzig vertretbare Entscheidung, nämlich eine Mehrheitsentscheidung, wäre logisch gewesen und aus demokratiepolitischer Sicht auch zu akzeptieren. Diese Meinung vertrat wenigstens oder auch Gott sei Dank gefühlt die Mehrheit der anwesenden Vorstandsmitglieder. Es wäre jedoch nicht die Sozialdemokratie, wäre da nicht in der vorletzten Reihe ein Vertreter des romantischen Neubau-Boboismus gesessen, der die Meinung vertrat, nicht die Mehrheit sei relevant, sondern nur die eigene Überzeugung das Wahre, und die gelte es durchzusetzen gegen alle, wenn auch mehrheitlichen Widerstände. Ist also die Position der Minderheit, wenn sie aus seiner Sicht moralisch richtig ist, jener der Mehrheit vorzuziehen? Entspricht das unserem Demokratieverständnis, und wer bestimmt, was moralisch wichtig und richtig ist? Wer kann sich anmaßen, darüber zu entscheiden, was für alle richtig ist? – Wohl nur diejenigen, die auch die Grundnorm bestimmen, also die Mehrheit der Bevölkerung und nicht ein Einzelner. Das verkennen offensichtlich der eine oder andere in der Sozialdemokratie, was aus meiner Sicht eines der größten Probleme ist. Nicht der Umstand der ideologischen Breite – also die ständigen Links-Rechts-Positionierungen und Diskussionen darüber – ist das Problem, sondern das Selbstverständnis einiger Weniger, die glauben, eine moralische und gesellschaftspolitische Elite zu sein, verbunden mit dem Anspruch, recht zu bekommen und nicht nur zu haben.

Man kommt also unweigerlich von falsch verstandener Integration, von Fehlern und Untätigkeit hin zur Verantwortung der Politik und zu der Erkenntnis, dass es offensichtlich einfacher ist, wegzuschauen oder in seiner elitären Meinung zu verharren, als beispielsweise die Zuwanderung mit dem Instrument der Obergrenze zu beschränken. Man sollte aber niemals vergessen, dass die Hüterin der Grundnorm die Bevölkerung ist.

## Epilog
# Und jetzt?
# Meine politischen Prinzipien

Ende gut, alles gut, heißt es. Alles muss am Ende in Ordnung sein. Ist es nicht in Ordnung, dann ist es nicht das Ende, so heißt es in einem Hollywood-Film. Man möchte sich an solchen Kalendersprüchen an den Tagen aufrichten und festhalten, an denen steigende Preise, Infektionszahlen, Nachrichten von kriegerischen Auseinandersetzungen im Ausland und ihre Auswirkungen auf uns Österreicher sowie inakzeptable Vorgänge im politischen Leben Österreichs auf unserem Sorgenhorizont auftauchen. Auf viele dieser Umstände und Ereignisse haben wir keinen Einfluss, weder als Bürger noch als Politiker.

Der Hausverstand aber weiß: Wir müssen tun, was in unserem Einflussbereich, in unserer Macht liegt. Für Politiker bedeutet das, die Dinge in die Hand zu nehmen und zu handeln. Für die Bürger bedeutet es, ihre Bürgerpflicht zu erfüllen und zum Beispiel von ihrem Wahlrecht Gebrauch zu machen.

Für Politiker gilt es in erster Linie, sich mit aller gebotenen Sorgfalt ein faktenbasiertes Bild von der Lage zu machen, die notwendigen Maßnahmen zu entwickeln und umzusetzen. Ich halte nichts von den üblichen Politikerversprechungen, die immer dann großzügig gemacht werden, wenn es auf die nächste Wahl zugeht. Die Wahlzuckerln, die verteilt werden, haben zumeist einen sauren oder bitteren Nachgeschmack oder Abgang, wie man im Weinland Burgenland sagt.

Wir alle wünschen uns, dass die aktuellen Krisen an uns vorbeiziehen und dass danach alles so ist wie immer, so wie es früher war – also gut. Das wird nicht geschehen. Wenn ein Politiker eine Rückkehr in die alte Normalität in Aussicht stellt, ist dies entweder entgegen besserem Wissen gelogen oder schlicht naiv. Normalität, wie wir sie gewohnt waren, wird es nie wieder geben. Aber eine neue Normalität muss und wird entstehen. Eine, in der Energie so erzeugt wird, dass ihre Produktion weder die Umwelt ruiniert noch die Preise in unerschwingliche Höhen treibt. Eine, in der Mobilität zur Umwelt fair ist, aber auch die entlegensten Regionen untereinander und mit den städtischen Zentren verbindet. Eine, in der kein alter Mensch seine letzten Jahre in unwürdigen Umständen verbringen muss. Eine, in der den Bürgern die Deckung ihrer Grundbedürfnisse, ihre Daseinsvorsorge, garantiert wird. Eine, in der die Zweiklassenmedizin von einer flächendeckenden Gesundheitsstrategie für alle abgelöst wird. Eine, in der Arbeit gerecht entlohnt wird.

Der Weg zur neuen Normalität ist nicht mit guten Absichten, Fototerminen und Sonntagsreden gepflastert. Er braucht Handlung, Hausverstand und Sachverstand. Wer sich in Zeiten, in denen (mindestens) drei große Krisen gleichzeitig wirken, mit kleingeistigem Hickhack in inneren Zirkeln, in den Medien und auf Twitter beschäftigt und somit realitätsfern die alte Normalität künstlich beatmet, hat in der Gestaltung des neuen, »normalen« Österreichs nichts verloren.

Wie haben wir nun miteinander umzugehen, wenn wir gemeinsam die Schwelle zur neuen Normalität überwinden wollen? Indem wir erkennen, was in Zeiten wie diesen Priorität hat. Indem wir auf Augenhöhe miteinander sprechen. Indem wir im Austausch mit politisch Andersdenkenden auf sachlicher Ebene bleiben. Und indem wir mit Europa und insbesondere mit unseren europäischen Nachbarn im Gespräch bleiben.

Das Burgenland ist zwar klein, aber wir sind bereit, im Herzen Europas zum Wohle unserer Bevölkerung jene Projekte umzusetzen, die eine neue Normalität bedeuten. Das Burgenland hat Grenzen zu drei EU-Staaten. Deshalb ist es ein Vorreiter und ein Beispiel in der Umsetzung nachbarschaftlicher Lösungen. Das Burgenland liegt in einer Migrationsroute. Daher müssen Themen, die Zuwanderung und Asyl betreffen, hier zuerst und ganz praktisch bearbeitet werden.

Vieles ist bereits geschehen. Vieles wird in naher Zukunft umgesetzt. Die burgenländische Bilanz ist die Grundlage für die neue Normalität. Das ist kein Versprechen, sondern eine Tatsache.

# Über den Autor

Mag. Hans Peter Doskozil, geboren 1970 im steirischen Vorau, wurde österreichweit bekannt, als er 2015 als Landespolizeidirektor des Burgenlands mit ruhiger und umsichtiger Hand durch die schwierige Flüchtlingssituation an der Grenze in Nickelsdorf führte und sie in kontrollierte Bahnen lenkte. Zuvor war der ausgebildete Polizist und studierte Jurist unter anderem im Innenministerium, in der burgenländischen Sicherheitsdirektion und im Büro des burgenländischen Landeshauptmanns tätig. 2016 wurde er schließlich Bundesminister für Landesverteidigung und Sport. 2018 ist er zum Parteivorsitzenden der SPÖ Burgenland gewählt worden, ein Jahr später trat er das Amt als Landeshauptmann des Burgenlands an, im Jänner 2020 holte er bei den Landtagswahlen für seine Partei die absolute Mehrheit. Er gilt als Mann des offenen Wortes, der Konflikten nicht aus dem Weg geht, wenn er sie inhaltlich für nötig hält. 2023 gewann er die Mitgliederbefragung, verlor aber die anschließende Abstimmung um den Parteivorsitz der SPÖ, seither hat er sich aus der Bundespolitik weitgehend zurückgezogen und konzentriert sich ganz auf seine Arbeit als Landeshauptmann. Hans Peter Doskozil ist Vater zweier erwachsener Kinder aus erster Ehe und ist seit 2022 in zweiter Ehe mit Julia Doskozil verheiratet.